京浜急行電鉄

本線、空港線、大師線、逗子線、久里浜線

1950～1990年代の記録

金沢八景駅の3番ホームを出発した400形の品川行き。隣のホームには1000形の逗子海岸行きが停車している。440番台車は、600形からの改造車で、電動機を110kwに増強したグループである。

撮影：J.WALLY HIGGINS

CONTENTS

まえがき 4	穴守稲荷、旧・羽田空港 30
カラー写真で見る京急電鉄 5	【本線】
	雑色、六郷土手 32
	京急川崎 34

京浜急行電鉄本線、空港線、大師線線、逗子線、久里浜線

【本線】
泉岳寺、品川 18	【大師線】
北品川、新馬場、青物横丁 20	港町、鈴木町、川崎大師 38
鮫洲、立会川、大森海岸 22	東門前、産業道路、小島新田 40
平和島、大森町、梅屋敷 24	【本線】
京急蒲田 26	八丁畷、鶴見市場 44

【空港線】
糀谷、大鳥居 28	京急鶴見 46
	花月園前、生麦、京急新子安 48
	子安、神奈川新町、仲木戸 50
	神奈川 52

■京浜急行電鉄沿線図

横浜 …… 54	横須賀中央 …… 78
戸部、日ノ出町、黄金町 …… 58	県立大学、堀ノ内 …… 80
南太田、井土ヶ谷、弘明寺 …… 60	京急大津、馬堀海岸 …… 82
上大岡 …… 62	浦賀 …… 84
屏風浦、杉田、京急富岡 …… 64	【久里浜線】
能見台、金沢文庫 …… 66	新大津、北久里浜 …… 86
金沢八景 …… 68	京急久里浜 …… 88
【逗子線】	ＹＲＰ野比、京急長沢、津久井浜 …… 90
六浦、神武寺 …… 70	三浦海岸 …… 92
新逗子 …… 72	三崎口 …… 94
【本線】	
追浜、京急田浦、安針塚 …… 74	
逸見、汐入 …… 76	

湘南久里浜（現・京急久里浜）駅が久里浜線の終着駅だった、昭和38年11月以前の京浜急行の沿線案内図である。京急本線とともに空港線、大師線、逗子線も含まれており、このときの大師線の終着駅は塩浜駅だった。ところどころに観光客らしい男女の姿が描かれており、沿線の観光地が示されている。右下には小さく東京駅が見え、東京湾を挟んだ千葉（房総半島）方面の名所が顔をのぞかせるところもおもしろい。

まえがき

　京急本線・久里浜線は、東京都内から関東地方に向けて走る私鉄のうち、最も南に行く路線である。泉岳寺駅と浦賀駅を結ぶ本線は全長56.7キロメートル。堀ノ内駅から分かれて三崎口駅に至る久里浜線や逗子線、大師線を合わせると、87.0キロメートルとなる。

　その歴史は古く、明治33(1900)年に発売された「鉄道唱歌(東海道編)」の中の4番(大森・川崎)の歌詞で、早くも「急げや電気の道すぐに」と歌われたように、19世紀にさかのぼる日本では数少ない私鉄路線である。明治32年1月、前身の大師電気鉄道が六郷橋(初代・川崎)〜大師(現・川崎大師)間で開業、すぐに社名を京浜電気鉄道(現在は京浜急行電鉄)に変更し、次々と路線を延ばしていった。品川(現・北品川)駅への延伸は明治37年5月、横浜駅への乗り入れは昭和5(1930)年3月である。

　現在は泉岳寺駅で都営地下鉄浅草線と連絡し、この線で結ばれて、千葉・成田方面に向かう京成電鉄・北総鉄道とは、一本の路線で結ばれる形になっている。羽田と成田の2つ東京国際空港の間が直結し、日々利用する通勤、通学客ばかりでなく、多くの観光客、外国人も利用する人気路線となっている。

平成28年秋　生田 誠

昭和5年4月1日に湘南電気鉄道が、現在の京急本線の一部となる黄金町〜浦賀間を開業させた。ホームに停車中する浦賀行きの札を掲げた単行電車は、同路線の開業に合わせて製造されたデ1形で、後に京浜急行230形となった。奥に見えるポール集電の電車は51形である。

カラー写真で見る京急電鉄

昭和29年(1954)

昭和31年まで品川～北品川間には、第一京浜道路上に併用軌道区間があった。旧塗色の230形2連が、古風な自動車の間を縫って品川へ進んで行く。動力車2両の強力編成だ。

昭和31年(1956)

家並の向うに水平線を望み、クハ140形を挟んだ230形の3両編成が本線を浦賀に向かって進む。大正13年製の京浜電気鉄道デ51号形を制御車化したクハ140形は晩年、230形と編成を組むことが多かった。

昭和29年(1954)

電動車デハ500形の制御車として製造されたクハ550形は昭和27年製。屋根に絶縁処理が施され、パンタグラフを載せる台も設置されて、電動車化を想定した仕様になっていた。

昭和33年(1958)

大師線で活躍していた晩年のクハ140形。大正生まれの木造電車は、当初、電動車として製造された。品川～横浜間が1500Vに昇圧された昭和22年に制御車へと改造された。昭和30年代の終わりまで定期運用されていた。

大師線塩浜駅付近を走る2連の電車。臨海部の埋立地に工場が立ち並ぶ川崎市の小島町界隈だが、昭和30年代中頃までは草生した空き地が線路周辺に見られ、まだまだ開発途上の様子である。

昭和30年(1955)

大師線塩浜駅に並ぶ老雄2台。クハ120形は大正11年に京浜電気鉄道が導入した41号形を制御車化したもので、撮影当時は京急最後の木造車。川崎市電500形は東京都電6000形と同系だ。

昭和35年(1960)

横須賀市の郊外を荷物列車の運用に就いた230形が行く。単行の列車を仕立てられるのは、両運転台を持つ形式が多かった昭和初期までに製造された電車ならではのことである。

2線時代の逸見駅に入線する420形の急行。横須賀市の山手に造られた当駅は、昭和33年に構内が拡幅され、上下待避線を備えるホーム2面4線の構造になった。手前に簡易な構内踏切がある。

川崎駅付近では広い通りが京急本線と並行していた。線路と歩道は植え込みで仕切られ、本線といえども2〜4両編成の電車が行き交うおおらかな時代だった。京急電車の後方に川崎市電が見える。

川崎市電駅の構内末端部に佇む200形は元東京都電の木造車。賑わう電停の界隈は、市民にとって生活の拠り所だったが、交通渋滞の緩和策として全線廃止よりも一足早く廃止された。

カラー写真で見る京急電鉄

背景の森が晩秋の佇まいを見せる湘南富岡（現・京急富岡）駅に600形2連の浦賀行きがやって来た。605号車は、正面窓が正方形でセンターピラーが太く、雨樋が前面まで引き回された、製造初期のグループに属する。

撮影：J.WALLY HIGGINS

青空の下、広々とした景色の上大岡付近を疾走する800形の浦賀行き。2連の姿が軽快感を強調している。デハ800形は昭和33年の製造で、翌年より量産された旧1000形の試作車となった。

横浜駅前を市電が横切って行く光景。現在では、日本で最も多くの鉄道会社が乗り入れている市の拠点駅は、昭和30年代から堂々たる佇まい。壁面に京浜急行と相模鉄道の看板が掲げられている。

川崎市電が終点塩浜電停に入って行く。日本鋼管前からは1067ミリゲージとの三線軌条区間で、夜間に国鉄の貨物列車が乗り入れていた。電車の左手に見える車止めから続く線路は京急大師線。

横浜駅前を快走する横浜市電。現在では、日本で最も多くの鉄道会社が乗り入れている横浜市の拠点駅は、昭和30年代から堂々たる佇まい。壁面に京浜急行の看板が掲げられている。

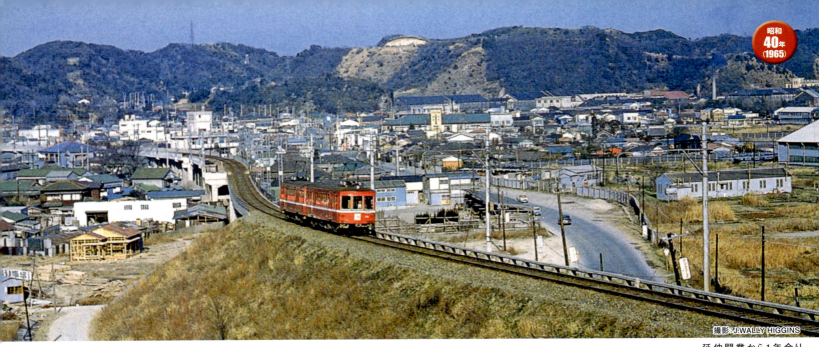

昭和40年(1965)
撮影:J.WALLY HIGGINS

昭和42年(1967)

延伸開業から1年余り経った京浜久里浜(現・京急久里浜)～野比(現・YRP野比)間を行く230形の2連。背景に写る久里浜の街は新興住宅地のような佇まいで、線路周辺も集電施設等が簡潔な設えに見える。

国道1号線を行く横浜市電が、横浜駅の南側に建つ戸部駅付近で京急本線を潜る。幹線道路に面した橋梁には、駅の名前と進行方向それぞれの駅名が大書きされて、広告の役目を果たしている。

撮影:J.WALLY HIGGINS

昭和42年(1967)
撮影:J.WALLY HIGGINS

昭和39年(1964)
撮影:荻原二郎

前年に開業した三浦海岸駅から、品川行き特急として発車した1000形。下り線を直進して終点駅に入線した後の折り返し運用なので、遠方信号手前の渡り線を通って、上り線に入って行く。

湘南逗子(現・新逗子)駅に到着した逗子線の線内列車。車両前面に掲げる行先表示板には、駅名の一部を略して「八景」「逗子」と書かれている。窓枠がサッシ化以前の230形の古風な姿だ。

横浜駅を出発し、一路浦賀へ向かって三浦半島を南下して行く特急列車。初代700形は京急初の高性能車で昭和31年製。カルダン駆動車で2扉、セミクロスシートと特急車にふさわしい仕様だった。

撮影：小川峯生

品川を発車した下り列車230形が、八ツ山橋を渡って第一京浜道路と交差する踏切に差し掛かる。複線分の架線を片持ちの架線柱が支えている。鋼製トラスが組み合わされた重厚な造りが頼もしく映る。

撮影：小川峯生

京浜川崎（現・京急川崎）駅構内を望む。当時の主力車両は230形で、車体塗装の変更時期のため、新旧塗色の同形式車がホームを賑わしている。島式ホームは構内南端部の地下道で連絡し、上りホームに隣接して車庫があった。

撮影：村多正

車両基地で休む同僚を横目に見ながら、品川行きの特急が金沢文庫駅のホームに入って来た。先頭に立つ1025号車は、昭和40年代の主力車両だった1000形の中でも初期に製造されたグループで、正面窓2枚の湘南形スタイルだった。

撮影：山田虎雄

撮影：荻原二郎

国鉄、京急の川崎駅と連絡していた川崎市電の川崎駅前電停。昭和44年3月31日を以って廃止された川崎市電は、最終日に装飾を施された「さよなら電車」を運転し、沿線で市民は名残を惜しんだ。

撮影：J.WALLY HIGGINS

横浜駅前で発車時間待ちの横浜市電1100形。右手の歩道橋下に終点の札が立っている。港町を行き交った路面電車は昭和47年3月31日を以って、市が運営していたとトローリーバスとともに全廃された。

工事中の道路にミキサー車が入り、雑然とした雰囲気が漂う京浜川崎（現・京急川崎）駅付近を行く300形2連の逗子海岸行き。同車は昭和17年に東急デハ5300形として製造され、京浜急行電鉄成立後、300形に改番された。

撮影：荻原二郎

上大岡駅付近の築堤上を行く600形の京浜久里浜（現・京急久里浜）行き「快特」。客室扉2枚のセミクロスシート仕様は優等列車にふさわしい。昭和31年に登場した700形、730形等を部分改造の上、昭和41年にデハ600形と形式統一した。

撮影：矢崎康雄

カラー写真で見る京急電鉄

昭和48年(1973)

空港線で活躍する晩年の230形。3両編成の中間に収まるサハ280形は、昭和45年に制御車の運転台を撤去したものと、電動車の電装部品を外して付随車化改造したものを統合してできた車両である。

昭和58年(1983)

京浜鶴見(現・京急鶴見)駅に入線する上り特急。車体に内蔵された車種表示と共に、表示板を前面に掲げている。京浜急行の鶴見駅は、駅前ロータリーを挟んで対峙する国鉄駅との識別化を図り、大正14年には京浜鶴見駅と改称した。

昭和50年(1975)

京成電鉄本線の京成大久保駅付近を行く貸し切り列車。昭和40年代から50年代にかけて京急の主力だった旧1000形は、地下鉄へ乗り入れられる仕様から、社外路線へのさまざまな列車に充当された。

昭和52年(1977)

太平洋戦争前に製造された230形グループは、大師線が最後の定期運行路線となった。窓枠はサッシ化され、埋め込み式の尾灯が追加されたものの、特徴ある大きな前面窓等、往年の姿を最後まで保っていた。

昭和53年(1978)

京浜川崎(現・京急川崎)駅に入線する三崎口行き「快特」。写真の1259号車を含む1000形は新製時より冷房装置を搭載しているグループである。くしくも長きに亘って製造された1000形が、京急では初の冷房新製車となった。

久里浜線の終点、三崎口駅を発車した上り特急。行く手の左右には、木々で被われた丘陵地が広がる。三崎口駅は昭和50年に三浦海岸駅からの路線延長で開業。バスとの連絡を考慮し、国道134号線に面して建設された。
撮影：荻原二郎

本線で230形のさよなら列車が追加運転された日に大師線の運用に就く400形。初代600形として登場し、昭和40年に400形へ改番された。写真の463号車を含む460グループは、昭和61年まで活躍した。
撮影：矢崎康雄

廃車後も久里浜工場にかたちを留めていた旧京浜電気鉄道1号型電車。電装部品を外され、車体は傷みが進んでいるものの、原型の雰囲気をよく留めている。現在は台車のみが同工場に保管されている。
撮影：矢崎康雄

「さよなら運転」の終点、品川駅に到着した230形。京浜電気鉄道の主力として出入りしていたターミナル駅へ、久しぶりに姿を見せた。左手には現在よりもすっきりとした、高輪口の街並みが広がる。
撮影：矢崎康雄

カラー写真で見る京急電鉄

昭和54年(1979)

京浜富岡(現・京急富岡)駅を発車し、駅の北側に立ちはだかる丘陵地に掘られたトンネルに向かって加速していく品川行きの普通列車。各駅停車の旅は終点品川まで、まだ1時間以上を要する。しかし初期型の1000形も冷房化改造されていて車内は快適だ。
撮影：荻原二郎

昭和57年(1982)

横浜市街の南部にある南太田駅へ下り列車が入線する。ホームから眺める大岡川の畔には家屋が続く街風景。構内は昭和62年に通過線が増線される以前の撮影で、ホームが本線上に設けられた簡潔な構造だ。
撮影：荻原二郎

昭和58年(1983)

東京国際空港ターミナルビルの沖合移転前に空港線の終点だった旧羽田空港駅は、空港と海老取川を隔てた対岸にあり、空港アクセス駅としては厳しい立地にあった。線路1本の棒線駅に簡素な車止めがされていた。
撮影：荻原二郎

平成4年(1992)

正月の京急川崎駅を発車した千葉ニュータウン中央行き京成3300形急行。行先表示は大きく「ニュータウン」と表示されている。ファイヤーオレンジの塗色と屋根上に載せられたクーラーは昭和末期の仕様である。

撮影:山田虎雄

平成4年(1992)

京急川崎駅の上下線ホームに並んだ京急2000形と都営地下鉄5000形。2000形は車内に沿線の幼稚園、小学生が描いた絵や写真等を展示した「さわやかギャラリー」編成。この列車は平成11年まで運転された。

撮影:山田虎雄

平成7年(1995)

品川駅ホームの北総鉄道7000形。京成線方面から羽田空港へのアクセス急行として、京急線内に入って行く。例年、北総鉄道(当時は北総開発鉄道)沿線の千葉ニュータウンで開催されているイベントをアピールする「コスモス」の看板を前面に掲げている。

撮影:山田虎雄

平成7年(1995)

品川駅で並ぶ京急1500形と千葉ニュータウン鉄道所属の9100形。平成7年に登場の三次元曲面がユニークな車両である。

撮影:山田虎雄

平成6年(1994)

品川駅に入線する都営地下鉄5000形5200番代車。3路線を跨いで京成電鉄経由北総開発鉄道(現・北総鉄道)の千葉ニュータウン中央駅まで足を延ばす。本車両は5000形に属するが、セミステンレス構造の車体をはじめ、大幅な仕様変更を行ったために通称5200形とも呼ばれた。

撮影:山田虎雄

平成6年(1994)

京急では2代目となる700形は昭和42年から46年にかけて製造された。京急では初めて片側客室扉4枚の車体を採用した。冷房化改造は昭和55年から63年にかけて施工された。

撮影:矢崎康雄

平成10年(1998)

昭和末期、京急の看板車両は1000形だった。写真の1357号車を含む編成は再末期に製造されたグループで空気バネ台車を装備し、冷房装置や側面の行先表示窓を新製時から備えていた。

撮影：矢崎康雄

平成10年(1998)

京急久里浜行きの普通列車運用に就く1000形4連。平成に入って数世代前の車両と映る車体に、クーラーやアンテナが後付けされている様子が、走り続けた時の流れを感じさせる。

撮影：矢崎康雄

平成10年(1998)

800形は昭和53年から昭和61年にかけて製造された通勤型電車。加減速の良さを重視した設計で、普通列車に多く充当されている。個性的な全面形状から「ダルマさん」とよばれることも。

撮影：矢崎康雄

平成10年(1998)

1500形は量産された1000形を置き換えるために、昭和60年から平成5年まで製造された。地下鉄乗り入れに対応した仕様で、アンチクライマー等に従来車の装備を残している。

撮影：矢崎康雄

平成12年(2000)

成田空港駅に停車している京急車両の京成上野行き。この時期、京急の車両が成田方面から青砥以西、京成押上線に入らず京成本線の上野へ向かう特急の運用にも就いていた。都営5300形でも同様の運用があり、レアケースとして記憶に残っている。

撮影：山田虎雄

平成10年(1998)

「快特」の運用に就く2000形の「さわやかギャラリー号」。京急沿線の幼児、小学生等が描いた絵画等を車内に展示するギャラリー列車は、「さわやかアップ京急運動」の一環として昭和60年から走り始めた。

撮影：矢崎康雄

カラー写真で見る京急電鉄

大正・昭和時代の時刻表

大正・昭和時代に発行された時刻表。単行電車の運転で始まった京急の路線も、時代を経るにつれて路線が拡大し、列車の種類も増えた。それに伴って時刻表に記載される情報量も増えていった。

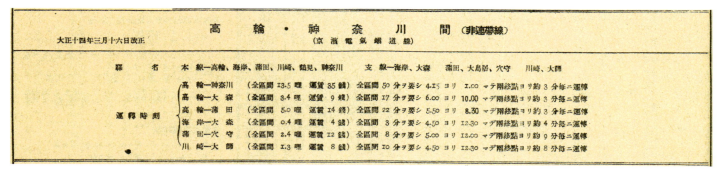

大正14（1925）年3月 当時の時刻表
京浜電気鉄道高輪駅が開業して間もない頃の時刻表。本線・支線の主要駅間における運賃、所要時間、運転間隔等が詳細に記載されている。

昭和15（1940）年10月 当時の時刻表
太平洋戦争前夜の京浜間では、まだ鉄道が庶民の足として正確に運転されていた。行先別に記載されている各列車の運転間隔は12分毎だった。

昭和31（1956）年12月 当時の時刻表
列車の運転間隔を特急・急行・普通の車種別に記載している。初電・終電ともに品川〜横須賀中央間の所要時間は、昭和15年当時よりも長くなっている。

京浜急行電鉄
本線、空港線、大師線
逗子線、久里浜線

金沢文庫の車庫に並んだ列車。左から500形の特急「油壺」、600形の特急「城ヶ島」、400形の逗子海岸行き急行。

撮影：江本廣一

せんがくじ、しながわ

泉岳寺、品川

泉岳寺：開業年▶昭和43（1968）年6月21日　所在地▶東京都港区高輪2-16-34　ホーム▶2面4線（地下）　乗降人数▶173,577人　キロ程▶1.2km（品川起点）
品川：開業年▶大正13（1924）年3月11日　所在地▶東京都港区高輪3-26-26　ホーム▶2面3線（高架）　乗降人数▶264,309人　キロ程▶0.0km（品川起点）

泉岳寺駅は都営地下鉄浅草線と直通する共同使用駅。名刹が駅名に。東海道・山手・新幹線との連絡駅。品川駅は事実上の起終点駅。

　明治33（1900）年発行の「鉄道唱歌」の中でも歌われた、赤穂浪士ゆかりの名刹・泉岳寺が存在するが、この地に泉岳寺駅が開設されたのは、昭和43（1968）年6月の都営地下鉄1号線（現・浅草線）の延伸開業時である。このとき、京急本線とも結ばれて、京急の駅も誕生し、相互乗り入れ運転が開始された。都営地下鉄においては起終点駅だったが、同年11月に西馬込駅まで延伸して中間駅となった。駅の構造は島式2面4線の地下駅である。

　次の品川駅は、JR線との連絡駅であり、都営地下鉄線との連絡以前から存在した京急の始発駅（起点）である。しかし、明治37年5月の品川（八ツ山橋、現・北品川）～八幡（現・大森海岸）間の開業時の始発駅は現在の北品川駅であり、現・品川駅の前身である高輪駅は大正14（1925）年3月の延伸時に開業している。このとき、従来あった品川駅は北品川駅と改称された。この高輪駅は現在の駅とは、国道（15号）を挟んだ反対側に移置していたが、昭和8（1933）年4月に横浜～品川間の軌間再変更工事が竣工し、省線（国鉄）品川駅への乗り入れが実現したために高輪駅は廃止、現在の品川駅が誕生している。

　京急の品川駅は、JR品川駅の西側に移置し、単式、島式を併せた2面3線のホームを有する高架駅となっている。改札口（高輪口）は地上部分にあるが、1番線ホームにはJR線との連絡口（中間改札）が設けられている。

昭和38年（1963）

2つの八ツ山橋の上には、品川駅の構内が広がる。左側を列車が走る東海道線に対し、国道15号を挟んだ右側には、右にカーブしながら横浜方面に向かう京急本線が見え、北品川駅が置かれている。この当時、海側の駅前周辺は未開発で、東海道新幹線はまだ開業していない。西側の御殿山でもまだ再開発が進んでいなかった。

提供：朝日新聞社

昭和45年(1970)

昭和45年(1970)

高輪口から眺めた昭和45年当時の品川駅。京急関連の垂れ幕が吊るされた西側の建物の中には商業施設が入っている。駅前のタクシーのりばは、警察車両や運搬車との区分けが整備された現在よりも雑然とした雰囲気。

品川駅に上り特急列車が入って来た。ホーム天井の明かり採りのある上屋は、今日でも見ることができる。昭和43年の泉岳寺駅間開業で途中駅となりながらも、喧騒に包まれたホームはターミナルの雰囲気を色濃く残している。

撮影：山田虎雄
撮影：荻原二郎

昭和43年(1968)

撮影：荻原二郎

地下鉄乗り入れ開始当日の品川駅。昭和35年の京成電鉄に続き、他社の列車を受け入れた都営地下鉄の押上駅は、後に北総鉄道・芝山鉄道を加えた5社の相互乗り入れで、都内を横断する列車網の拠点となった。

昭和28年(1953)

提供：朝日新聞社

第一京浜(国道15号)を挟んで、手前には国鉄と京浜急行電鉄の品川駅が存在し、反対側には戦前(昭和8年まで)における京急のターミナル駅だった旧高輪駅のビルが見える。第一京浜の上には、都電の軌道が見える。奥の高輪台方面には、現在のような高層ビル(ホテル)は存在しなかった。

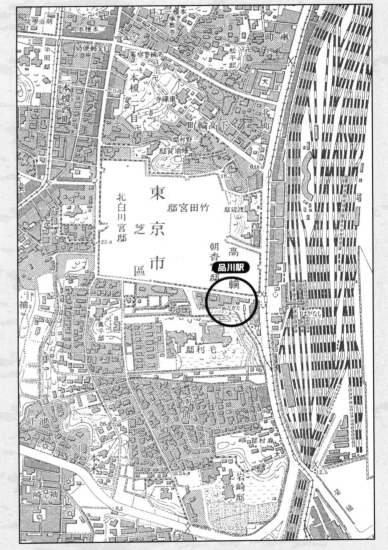

昭和4年(1929) 品川周辺

品川駅の東側は荒地(埋立地)である。地図左上の明治学院創設者は、ヘボン式のJames Curtis Hepburnである。上端にある承教寺の前に二本の榎があり、当時のランドマークであった。そこから二本榎が地名となった。品川駅の前にある宮邸は広大な土地に、建物等が見あたらない。何もなかったわけではなく、戦前の地図には、描かないものとされていた。現在は高輪皇族邸である。
　毛利邸(現・品川プリンスホテル)の前に市内電車の高輪停留場がある。現在はウィング高輪WESTで、線路跡(100m)が残っている。森村学園創立者の森村邸(現在はマンション)の東の地点に、日本最初の駅「品川停車場」があった。岩崎邸は、今の関東閣である。

北品川、新馬場、青物横丁

きたしながわ、しんばんば、あおものよこちょう

北品川：開業年▶明治37(1904)年5月8日	所在地▶東京都品川区北品川1-1-4	ホーム▶2面2線(地上)	乗降人数▶8,922人	キロ程▶0.7km(品川起点)
新馬場：開業年▶明治37(1904)年5月8日	所在地▶東京都品川区北品川2-18-1	ホーム▶2面2線(高架)	乗降人数▶15,017人	キロ程▶1.4km(品川起点)
青物横丁：開業年▶明治37(1904)年5月8日	所在地▶東京都品川区南品川3-1-20	ホーム▶2面2線(高架)	乗降人数▶42,251人	キロ程▶2.2km(品川起点)

北品川駅は明治37年開業の初代品川駅(八ツ山停留場)を起源とする。北馬場・南馬場駅が統合された新馬場駅。江戸時代の市場由来の青物横丁駅。

京浜電気鉄道時代の明治37(1904)年5月、初代の品川駅として開業したのが現在の北品川駅である。当時は八ツ山鉄橋際にあり、八ツ山停留場とも呼ばれ、東京市電と接続する京急の東京側のターミナル駅だった。

大正13(1924)年4月に移転し、大正14年3月に東京市電との併用軌道線が高輪駅まで延伸。駅名は「北品川」に改称された。昭和8年4月の現・品川駅への延伸で、高輪駅への軌道線は廃止された。この北品川駅の構造は、相対式ホーム2面2線の地上駅で、かつては構内踏切が存在したが、昭和57(1982)年3月に跨線橋が設置された。

次の新馬場駅は昭和50年8月、地上駅時代の北馬場駅と南馬場駅が統合されて誕生した駅で、当初は「北馬場・南馬場」の駅名であり、昭和51年10月に現在の「新馬場」に変わった。現在の駅は相対式2面2線のホームをもつ高架駅である。なお、北馬場・南馬場の両駅が開業したのは明治37年5月である。

ユニークな駅名で知られる青物横丁駅は、明治37年5月の開業であるが、当時は「青物横町」を名乗っていた。この駅名は、江戸時代に農民が持ち寄った青物の市場が開かれていたことに由来する。以前は地上駅だったが、平成3(1991)年に相対式2面2線のホームを有する高架駅に変わった。

北品川駅界隈。駅のすぐ前を第一京浜が通る。当駅は京浜電気鉄道開業時の終点で、都電の電停が併設された時期もあった。当駅の所在地は、国道(現・15号線)の改修工事に伴って大正13年に移転している。 撮影：山田虎雄

品川駅から国鉄線を跨いだ西側に建つ北品川駅で停車中の1000系。写真の1021号車は昭和34〜35年にかけて製造されたグループのうちの1両。当初は正面2枚窓で国鉄80系電車に通じる湘南形電車の風貌だった。 撮影：荻原二郎

路面軌道のような広々とした踏切を渡って品川へ向かうデハ230形3連。2両固定編成化が実施された更新化前の昭和31年に撮影された姿は、ヘッドライト、尾灯、運転席の窓枠等に原形の面影を留めていた。 撮影：荻原三郎

通勤・通学客で賑わう南馬場駅。付近を並行する国鉄線に駅がなかったので、北品川や南品川付近の住民にとっては貴重な鉄道駅であった。高架化で北馬場駅と統合された。 撮影：荻原三郎

梅雨時の青物横丁駅で見られた通学風景。当駅の周辺には、現在も大学や高等専門学校、女子高等が点在する。先頭に立つ662号車は、700系に準じた全金属車体を採用した昭和32年製グループの1両。

昭和39年(1964)
撮影：荻原二郎

昭和49年(1974)

京急本線の青物横丁〜南馬場間ですれ違う500系と東京都交通局5000形。京浜急行と都営地下鉄の相互乗り入れが開始されてから6年を経た頃の情景で、5000形は地下鉄1号線(現・浅草線)開業の昭和35年に登場した。

昭和49年(1974)

青物横丁駅の品川方を池上通りが横切る。駅から見て左手の信号機に掲げられている「青物横丁」の表示は地域の商店街を指しているが、建物の影に隠れて分かり辛い駅の所在を伝えているようにも見える。

撮影：山田虎雄

昭和45年(1970)

青物横丁駅に入線する旧1000形の特急列車。当駅は昭和43年に都営地下鉄1号線(現・浅草線)との直通運転を開始した折に特急停車駅となった。地上時代のホームは桁で本体を支える形状が個性的。

撮影：荻原三郎

昭和4年(1929)
北品川、新馬場、青物横丁周辺

「歩行新宿（カチシンジュク）」は、南・北品川宿の二宿の北側に町が発展した町で北品川歩行（カチ）新宿のこと。旧東海道は、海沿いの町の中にある。一方、京浜電鉄の西側の広い道は、現在の第一京浜である。道路の混雑・事故回避と関東大震災後の復興計画のもとに作られた。馬場の地名があるが、宿場に課せられた馬が集められた場所のこと。

舊目黒川は上流から海岸に近づいた後、北に向かって流れていた川をさす。荏原神社の所に旧河道がある。「府八女學校」は、都立八潮高校の前身で、現在この地は都立品川特別支援学校になっている。旧東海道を南下すると西南に分岐する道路のところに、青物横町とある。

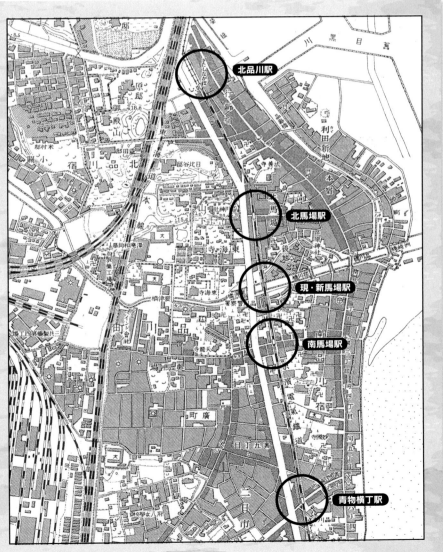

本線▶北品川、新馬場、青物横丁

さめず、たちあいがわ、おおもりかいがん

鮫洲、立会川、大森海岸

鮫洲：開業年▶明治37（1904）年5月8日　所在地▶東京都品川区東大井1-2-20　ホーム▶1面2線・通過2線（高架）　乗降人数▶9,744人　キロ程▶2.7km（品川起点）
立会川：開業年▶明治37（1904）年5月8日　所在地▶東京都品川区東大井2-23-1　ホーム▶2面2線（高架）　乗降人数▶17,249人　キロ程▶3.5km（品川起点）
大森海岸：開業年▶明治34（1901）年2月1日　所在地▶東京都品川区南大井3-32-1　ホーム▶2面2線（高架）　乗降人数▶13,968人　キロ程▶4.8km（品川起点）

運転免許試験場のある鮫洲駅。坂本龍馬ゆかりの地に立会川駅。八幡駅として開業した大森海岸駅は、京急本線と大森支線の分岐点だった。

　青物横丁駅との距離はわずか0.5km。昭和19（1944）年5月、立会川寄りに160m移転する前は、さらに近接していたのが鮫洲駅である。開業は明治37（1904）年5月、現在は高架駅で、島式ホーム1面2線を有している。現駅舎は平成13年12月から使用されている。この鮫洲駅は、都民には鮫洲運転免許試験場の最寄り駅として有名であり、駅前には鮫洲八幡神社がある。

　駅前を立会川が流れる立会川駅は、同じく明治37年5月の開業である。この付近には、歴史の舞台となった場所が多く、江戸時代には土佐藩の下屋敷が存在し、幕末には浜川砲台が置かれ、坂本龍馬ゆかりの地として知られている。また、立会川に架かる旧東海道の浜川橋は「泪橋」と呼ばれ、鈴ヶ森にあった刑場で処刑される罪人と家族が別れる橋でもあった。現在の立会川駅は、相対式ホーム2面2線の高架駅である。現在の駅舎は平成3（1991）年3月に完成している。大井競馬場の最寄り駅でもある。

　大森海岸駅は、明治34年2月、大森支線の大森停車場前〜六郷橋間の開通時に「八幡」駅として開業した。明治37年5月、品川（現・北品川）駅への延伸が実現し、本線と支線との分岐点となり、「海岸（2代目）」駅と改称した。昭和8年7月に、現在の駅名に改称している。現在の駅の構造は、相対式2面2線のホームを有する高架駅である。ボートレースファンが集まる、平和島ボートレース場の最寄り駅でもある。

昭和39年（1964）
鮫洲駅を通過して行く旧1000形の特急。「はまかぜ」は品川駅と逗子方面を結ぶネームドトレインの一つだった。昭和20年代から40年代にかけて、「油壺」「鷹取」等、観光地名を冠した臨時列車が運転された。
撮影：荻原二郎

昭和39年（1964）
昭和19年に現所在地へ移転した鮫洲駅は、本線の駅の中では比較的近代的な佇まいだった。運転免許試験場の最寄り駅であるためか、駅に隣接して証明写真、書類の代筆等を行う店舗があった。
撮影：荻原二郎

昭和45年（1970）
地上駅時代の立会川駅舎。自動券売機が導入される前で、切符売り場や料金精算の窓口が改札外に並ぶ。窓口の手前には、改札口と同じような造りの木製の仕切りが設置されていた。
撮影：山田虎雄

昭和43年（1968）
鈴ヶ森駅は昭和17年に廃止されたが、ホーム跡等は戦後も長く残っていた。ガード下に建つ民家は、外に干された洗濯物が生活感を色濃くする。現在、高架施設の整備が進んで、住宅は駅の跡と共に姿を消した。
撮影：矢崎康雄

昭和40年(1965)

柱に松飾りが供えられている年末の大森海岸駅。駅舎と島式ホームは構内踏切で連絡していた。昭和12年まで京浜電気鉄道の大森支線が分岐していた。当路線は延長0.7キロメートルの軌道線だった。

撮影：荻原二郎

昭和45年(1970)

上り線用新ホームの供与が始まり、高架化工事が佳境に入った頃の大森海岸駅構内。旧線跡や地上ホームに高架を支える柱が建てられた。高架駅として営業を開始したのは昭和45年12月1日だった。

撮影：山田虎雄

昭和4年(1929)
鮫洲、立会川、大森海岸周辺

　鮫洲の由来となったのは、現在の青物横丁駅の西南にある海晏寺の観音像の逸話による。日本体育會は土佐藩の屋敷跡で、現在の浜川中学校のあたりである。刑場で有名な鈴ヶ森には、碑が建っている。現在の大森海岸駅の「かいがん」があり、東海道線の大森駅とを連絡する支線が描かれている。現在もJR大森駅の前にあるループ状の道は支線の痕跡である。
　磐井神社(別名鈴森八幡宮)は、敏達天皇の時代(6世紀末)創建。かつて、このあたりの海岸は八幡海岸と呼ばれた。また、海苔の生産地として栄えたが、昭和37年の埋め立てを機に幕を閉じた。東海道線の西側には樹木で囲まれた(庭園がある)家が多い。

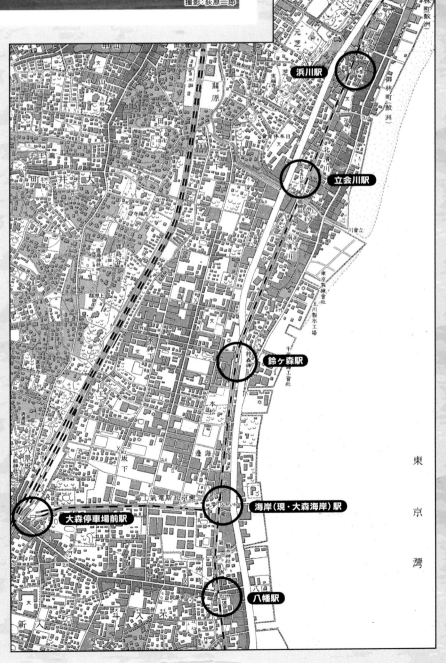

本線▶鮫洲、立会川、大森海岸

へいわじま、おおもりまち、うめやしき

平和島、大森町、梅屋敷

平和島：開業年▶明治34(1901)年2月1日	所在地▶東京都大田区大森北6-13-11	ホーム▶2面4線(高架)	乗降人数▶46,488人	キロ程▶5.7km(品川起点)
大森町：開業年▶明治34(1901)年2月1日	所在地▶東京都大田区大森西3-24-7	ホーム▶2面2線(高架)	乗降人数▶19,276人	キロ程▶6.5km(品川起点)
梅屋敷：開業年▶明治34(1901)年2月1日	所在地▶東京都大田区蒲田2-28-1	ホーム▶2面2線(高架)	乗降人数▶14,933人	キロ程▶7.2km(品川起点)

ボートレース場、クアハウス、東京流通センターなどに近い平和島駅。山谷駅から名称が変わった大森町駅。江戸時代の名所に由来する梅屋敷駅。

　第一京浜(国道15号)と並行して走る京急本線が環七(都道318号)と交わる地点に置かれているのが、この平和島駅である。明治34(1901)年2月の開業時は「沢田」駅を名乗り、間もなく「学校裏」駅に改称。昭和36(1961)年9月、現在の駅名「平和島」に改称している。

　この平和島は、京浜第二区埋立地として戦後に誕生した人工島で、ボートレース場(競艇場)、ビッグファン平和島(クアハウス)、東京流通センター(TRC)などが置かれている。

　次の大森町駅も明治34年2月の開業時は「山谷」駅で、「大森山谷」に駅名を改称した後、昭和24(1949)年7月に一時、廃止された。3年後の昭和27年12月、「大森町」駅として再開業した。現在は相対式2面2線のホームをもつ高架駅となっている。

　江戸時代、「梅屋敷」と呼ばれる名所が付近にあったことで命名されたのが、梅屋敷駅である。こちらは明治34年2月の開業以来、同じ駅名を名乗り続けている。現在の駅は相対式ホーム2面2線の高架駅である。

　「鉄道唱歌」の中にも歌われた「梅屋敷」は、江戸時代に蒲田が観梅の地となり、「和中散」という漢方薬を販売して財を成した商人、山本久三郎が屋敷を設けて、梅の名木を植えて有名になった。徳川将軍や明治天皇も訪れる名所となり、現在は大田区立の「聖蹟蒲田梅屋敷公園」となっている。

高架駅化工事途中の平和島駅前。昭和45年1月に上り線ホームが高架化され、下り線が高架化されたのは同じ年の12月だった。高架ホームの壁に掲げられていた駅名看板は現在、駅出入り口天井部付近の低い位置にある。

学校裏駅が平和島と改称するよりも、一足先に駅名票を新調した大森町駅。手書きで「学校裏」と貼られていた。

昭和36年9月1日には本線の3駅名が改称された。平和島駅は東京都大田区が所在地。汐入駅、堀ノ内駅は横須賀市内の駅である。汐入は変更されていた所在地名に合わせるかたちで付けられた駅名。

平和島と改称する2日前の学校裏駅。当駅は明治34年に沢田駅として開業し、ほどなくして構内の西側に寄木尋常小学校があったことから、学校裏駅と改称した。平和島は改称時の所在地を指す通称だった。

昭和44年（1969）
都営地下鉄車両の急行が待避する下りホームの横に、特急列車が入ってきた。ホーム上は特急への乗り換え客でしばし賑わう。地下鉄乗り入れで、平和島駅は品川から2番目の特急停車駅となった。
撮影：山田虎雄

昭和42年（1967）
蒲田の街中にある梅屋敷駅。家並みが入り組む狭い一角に建設され、地上ホーム時代には4両の有効長だった。また、ホームの両側に踏切があったので、列車が6両編成化されると一部車両でドアカットの措置が取られた。
撮影：荻原二郎

本線 ▶ 平和島、大森町、梅屋敷

昭和40年（1965）
大森山谷駅としては昭和24年に廃止されたものの、昭和27年に大森町駅として復活を遂げた。地上時代の駅舎は、屋根が一体化したホーム上屋とV字状になった個性的な姿。駅前の踏切も簡素な造りだった。
撮影：荻原二郎

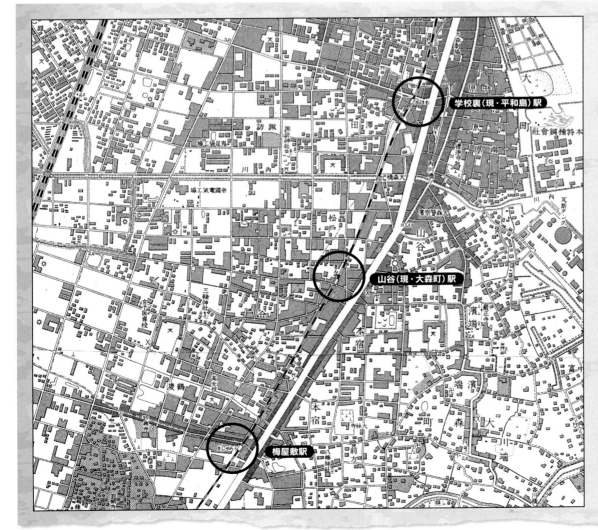

昭和4年（1929）

平和島、大森町、梅屋敷周辺

旧東海道に沿って大森町がある。大森は、品川宿と川崎宿との間宿（あいのじゅく）であった。海苔の生産地として栄えたが、昭和37年の埋め立てを機に幕を閉じた。因みに、JR大森駅とは約1700m離れている。

平和島はまだないが、埋立地が、戦争中は捕虜収容所、戦後は戦犯を収容し戦争に絡んだので、平和を祈って命名されたことによる。現在は、娯楽施設になった。一番南に梅屋敷と書かれており、庭園を広い道路（現在の第一京浜）が突き抜けている。現在は、聖蹟蒲田梅屋敷公園となって、梅屋敷駅から線路沿いに南に約230mのところにある。

25

けいきゅうかまた

京急蒲田

京急蒲田：**開業年**▶明治34(1901)年2月1日　**所在地**▶東京都大田区蒲田4-50-10　**ホーム**▶2面6線(高架)　**乗降人数**▶50,948人　**キロ程**▶8.0km(品川起点)

京急蒲田駅は京急本線の主要駅のひとつ。空港(旧・穴守)線との分岐点。JR線には蒲田駅が存在するも、当初は同じ蒲田駅を名乗っていた。

　京急本線の主要駅のひとつで、空港線との分岐点となるのが京急蒲田駅である。明治34(1901)年2月、蒲田駅として開業。1年後の明治35年6月、空港線(当時は穴守線)の蒲田(現・京急蒲田)～穴守(稲荷橋)間が開通して分岐点の駅となった。

　大正14(1925)年11月に京浜蒲田駅となり、昭和62(1987)年6月からは、京急蒲田駅を名乗っている。所在地は蒲田4丁目で、蒲田5丁目にあるJR東海道線の蒲田駅、西蒲田7丁目の東急池上線・東急多摩川線の蒲田駅とは約500m離れている。

　平成13(2001)年1月から、高架化・駅舎建て替えの工事が始まり、10年以上をかけて、現在のような三層構造、島式2面6線のホームをもつ高架駅が誕生した。1階に改札、2階に上りホーム、3階に下りホームが置かれている。高架下の1階部分には、ウィングキッチン京急蒲田が誕生している。

　この駅が「京急」の名称を冠しているのは、先に官営鉄道(国鉄)の蒲田駅が存在していたからである。この蒲田駅は、新橋～横浜間の鉄道開通時には存在せず、そのために明治33年にできた「鉄道唱歌」には登場しない。また、現在の東急蒲田駅は大正11年10月に池上電気鉄道線の蒲田駅が開業し、大正12年11月に目黒蒲田電鉄目蒲線の駅が開業したことに始まる。現在は、池上線と東急多摩川線の駅となっている。

昭和40年(1965)　切符が手売りで発券されていた時代。少々込み合ってきた窓口に、駅員が一人で対応している。改札口を挟んで駅窓口と売店があり、駅舎はホームへのゲートという風情が漂う半世紀前の京浜急行の蒲田駅。

撮影：荻原二郎

本線▶京急蒲田

昭和43年(1968)

撮影:山田虎雄

出入り口付近の自動券売機に利用客が列をつくる京浜蒲田(現・京急蒲田)駅駅。20円と30円区間券専用の機械1台ずつが設置されている。第一京浜道路が鉄道と並行しており、駅と隣接して踏切があった。

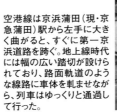

昭和43年(1968)

空港線は京浜蒲田(現・京急蒲田)駅から左手に大きく曲がると、すぐに第一京浜道路を跨ぐ。地上線時代には幅の広い踏切が設けられており、路面軌道のような線路に車体を軋ませながら、列車はゆっくりと通過して行った。

撮影:山田虎雄

昭和45年(1970)

逗子海岸行きの特急が入ってきた地上駅時代の京急蒲田下りホーム。向かい側のホームには海水浴シーズンの最中で、三浦海岸方面等への特急増発を宣伝する広告が掲げられている。

撮影:山田虎雄

昭和32年(1957)

撮影:荻原二郎

京浜蒲田(現・京急蒲田)駅駅に停車する500系2連の品川行き急行。白帯を巻いた2扉の車体に一枚モノとなった前面窓。新製時よりいくつもの仕様変更、改造を施された車両からは、撮影された年代を読み解くことができる。

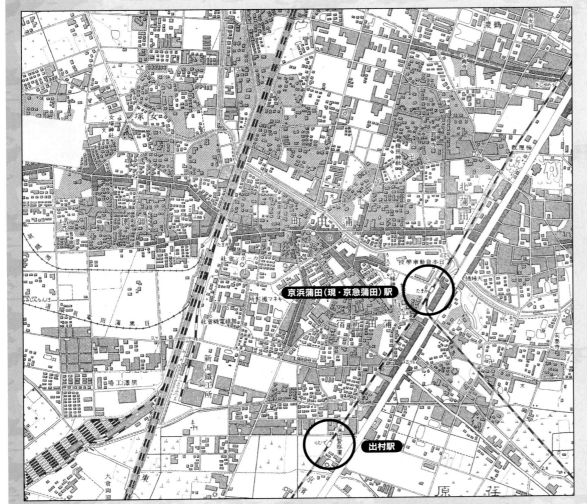

昭和3年(1928)

京急蒲田周辺

　水田があって農村風景が残っている。また、荒地(空き地)がある。農地から宅地化、工場地化していく境目である。蒲田という地名は、「大日本地名辞書 吉田東伍著」によると、和名抄にも記載されているそうである。京浜蒲田は穴守線が分岐して水田の中を走っている。
　東海道線蒲田駅には、池上電気鉄道(大正11年)と目黒蒲田電鉄(大正12年)が乗り入れている。両線とも全くの空き地(かつては水田あるいは畑であったことを想像できる)を走っている。有名な「キネマ撮影所」(松竹蒲田撮影所)は、現在は、ニッセイアロマスクエアと大田区民ホール・アプリコ)である。

こうじや、おおとりい
糀谷、大鳥居

糀谷：開業年▶明治35（1902）年6月28日　所在地▶大田区西糀谷4-13-17　ホーム▶2面2線（高架）　乗降人数▶23,834人　キロ程▶0.9km（京急蒲田起点）
大鳥居：開業年▶明治35（1902）年6月28日　所在地▶大田区西糀谷3-37-18　ホーム▶2面2線（地下）　乗降人数▶28,380人　キロ程▶1.9km（京急蒲田起点）

江戸時代の麴屋村に由来する糀谷駅。現在は相対式ホームを有する高架駅。穴守稲荷神社の大鳥居があった大鳥居駅。こちらは地下駅に変わった。

　空港線の最初の停車駅は糀谷駅である。開業は明治35（1902）年6月で、現在は相対式2面2線のホームをもつ高架駅となっている。「糀谷」の駅名、地名の由来は、江戸時代に麴屋村と呼ばれ、農業とともに麴（こうじ）を造る人々がいたからとされている。

　地上駅時代の平成3（1991）年10月から、駅舎の改良工事が始まり、連絡跨線橋、駅舎の改築などが行われ、平成5年3月に完成した。その後、京急蒲田駅付近連続立体交差事業に伴い、駅舎が仮駅舎に移った後、現在は相対式ホーム2面2線をもつ高架駅となっている。

　次の大鳥居駅は、現在の空港線の前身である、穴守線の線名の由来となった穴守稲荷神社の大鳥居に由来する。駅の開業は明治35年6月の蒲田～穴守（稲荷橋）間の開通時である。この大鳥居駅付近では、環状八号線（都道311号）と産業道路（都道6号）が交差する地上交通の要所でもある。昭和60（1985）年10月、東京都の環状八号線整備事業の一環として、大鳥居第一踏切道立体化工事が始まり、昭和63年1月、穴守稲荷駅側に約160m移動し、平成5年3月に元の場所に戻った。平成9年11月、ホームが地下化された。現在の駅の構造は、相対式ホーム2面2線をもつ地下駅である。

昭和54年（1979）　空港線は京急蒲田駅から大きく左手に曲がる。そこから線路は南東方向へまっすぐに延び、800メートルほど先に糀谷駅がある。大きな広告看板が目立つ下りホームに、400形の区間列車が停車した。

撮影：山田虎雄

昭和50年頃

上りホームの羽田寄りに駅舎があった地上時代の糀谷駅。踏切を渡った先を環八通りが横切っている。当駅は京急蒲田駅周辺の連続立体交差化工事に伴って、平成24年に高架駅となった。

撮影：山田虎雄

昭和43年（1968）

穴守線の駅として開業した大鳥居駅。昭和60年に地下化工事が始まり、平成9年にホームが地下化された。写真の地上駅時代には、構内が現在地よりも約160メートル蒲田寄りにあった。旧駅の近くにある穴守稲荷神社の大鳥居が駅名の由来。

撮影：荻原二郎

空港線 ▶糀谷、大鳥居

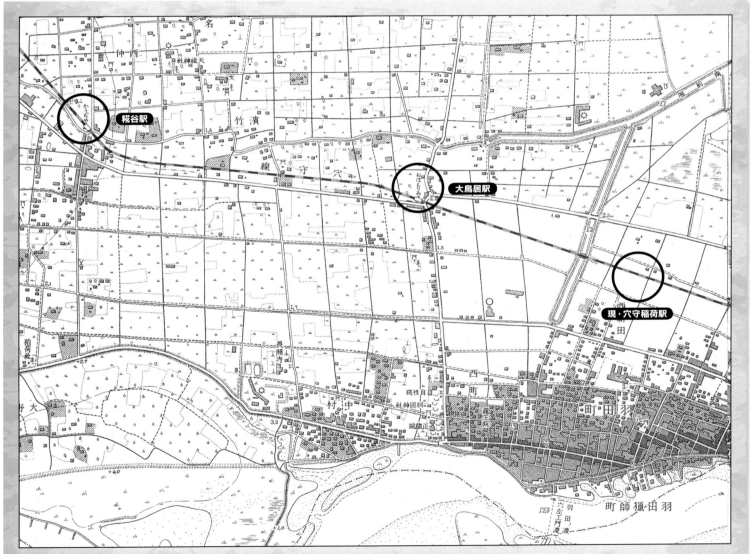

昭和3年（1928） 糀谷、大鳥居、穴守稲荷周辺

　羽田漁師町の大きな集落があるのが目に入るが、他は水田と畑（白い部分）である。穴守線は、水田の中を走っている。本線の駅は、集落の近くに停車場があるのに対して糀谷も大鳥居も集落がない。それは、二駅ともすれ違いのための駅であるためで、この二駅によって大量の客をピストン輸送が可能であった。
　大鳥居があったことによる名称だが、確かに駅の北東の三叉路の東側に鳥居の記号が描かれている。大鳥居の駅からまっすぐ南に伸びた先は、羽田漁師町の西端である。羽田漁師町は、鎌倉時代からあった古い町である。また、羽田の渡しは大師町との連絡である。

あなもりいなり、はねだくうこう

穴守稲荷、旧・羽田空港

穴守稲荷：開業年▶昭和21（1946）年8月15日　所在地▶大田区羽田4-6-11　ホーム▶2面2線（地上）　乗降人数▶15,655人　キロ程▶2.6km（京急蒲田起点）
旧・羽田空港：開業年▶昭和31（1956）年4月20日

初代の穴守駅があった場所に、穴守稲荷駅。米軍の接収により移転の歴史。昭和31年に開業した羽田空港駅は一時期廃止され、現在は天空橋駅に。

　現在の京急空港線は、明治35（1902）年6月、穴守線として開業した。そのときの終着駅が穴守駅であり、駅の名称や位置はたびたび変化した歴史をもつ。当初は羽田空港（飛行場）が存在せず、穴守稲荷神社への参詣路線の色合いが濃かった。

　初代の穴守駅は、現在の穴守稲荷駅の場所にあり、大正2（1913）年12月に穴守線が800m延伸、駅が移転した際、初代穴守駅の跡地には、羽田駅が開業。大正4年1月に稲荷橋駅と改称された。太平洋戦争後の昭和20（1945）年9月、稲荷橋〜穴守間が米軍に接収されて休止となり、穴守稲荷神社も移転することになる。昭和31年4月、当駅からの延伸で羽田空港駅が開業。稲荷橋駅の名称を、現在の「穴守稲荷」駅と改めた。

　その後も空港線の延伸に伴い、平成3（1991）年から平成5年にかけて、穴守稲荷駅から東の区間が休止になっている。平成5年4月、羽田（現・天空橋）駅が開業し、東の区間も営業を再開した。現在の駅の構造は、相対式ホーム2面2線の地上駅である。

　昭和31年4月の延伸で誕生した羽田空港駅は平成3年に廃止され、平成5年4月に羽田駅が誕生した。平成10年11月、羽田空港（現・羽田空港国際ターミナル）駅の開業で、天空橋駅と改称している。駅の構造は相対式ホーム2面2線の地下駅である。

昭和51年（1976）

羽田空港駅の駅舎と改札口。この年から空港線にも大型車両（18メートル車）の400形が走るようになった。
提供：京急電鉄

昭和32年（1957）

穴守線の終点、羽田空港駅に停車中の5枚窓車は、大正11年製の120形。元京浜電気鉄道の41号形で、晩年は電動車も制御車化され、昭和33年まで京急線内での活躍が見られた。
撮影：荻原二郎

空港線 ▶ 穴守稲荷、羽田空港

昭和43年(1968)

海老取川の岸辺に羽田空港駅(写真の左端)が開業したのは昭和31年4月20日。駅名の通り東京国際空港へのアクセスを担っていた。しかし空港とは距離があり、客足は伸びなかった。

昭和54年(1979)

駅前に近隣の稲荷神社に因んだ鳥居がある穴守稲荷駅。橋上化以前の駅舎は、神社を模した現在の出入り口とは異なり、京急では普通の木造駅舎だった。年末年始に空港線で実施される終夜運転は当駅が終点だ。

昭和12年(1937)

羽田空港、天空橋周辺

　地図の北側に昭和6年開港の東京飛行場があるが、穴守線とはあまり関係なさそうである。羽田穴守町には、穴守稲荷、海水浴場(京浜電鉄海ノ家)、鴨猟場、そして、東側には羽田競馬場が描かれている。当時は広大な娯楽施設であった。終点の「あなもり」は、これらの娯楽施設の客が降りた。しかし、戦後進駐軍によって接収され海老取川より東側はすべて空港用地となった。

雑色、六郷土手

ぞうしき、ろくごうどて

雑色：**開業年**▶明治34（1901）年2月1日　**所在地**▶東京都大田区仲六郷2-42-1　**ホーム**▶2面2線（高架）　**乗降人数**▶29,557人　**キロ程**▶9.4km（品川起点）
六郷土手：**開業年**▶明治39（1906）年10月1日　**所在地**▶東京都大田区仲六郷4-27-11　**ホーム**▶2面2線（高架）　**乗降人数**▶14,570人　**キロ程**▶10.6km（品川起点）

江戸時代には雑色村が存在し雑色駅に。現在は高架駅になっている。六郷川の土手（堤）にある六郷土手駅。橋梁の架け替えで移転の歴史。

　京急蒲田駅を出た京急本線は、環状八号線を越えてさらに南西に進む。多摩川を渡って川崎市に入るまでには、雑色、六郷土手の2駅が置かれている。

　ユニークな駅名の「雑色」は、もともとは宮廷の役職のひとつで、この地にはそんな役目を担う「雑色村」があった。その後、この村は六郷村に編入され、現在は駅名にのみ残っている。

　雑色駅が開業したのは、京浜電気鉄道の六郷橋〜大森停車場前間が開業した明治34（1901）年2月である。このときは道路上を走る軌道線の停留場であり、大正12（1923）年4月に新設された軌道上の駅となった。この地上駅の時代は長かったが、平成12（2000）年12月から始まった、蒲田駅付近の連続立体交差化工事に伴い、10年以上をかけて現在は相対式ホーム2面2線を有する高架駅と変わっている。

　六郷土手駅はその名の通り六郷川の土手（堤）にある駅で、明治39（1906）年10月に開業したときは「六郷堤」という駅名だった（改称時期は不詳）。この当時、雑色駅との間に六郷駅が存在したが、八幡塚駅と改称した後、明治44年9月に廃止されている。この六郷土手駅は、昭和20（1945）年の京浜空襲で焼失したが、後に再建された。昭和47年には、六郷川橋梁の架け替えに伴って駅が高架化され、京急川崎駅方面に移転した。現在の駅の構造は、相対式ホーム2面2線を有する高架駅である。

昭和42年（1967） 駅名の「ぞうしき」は、律令制時代に令外官の一つである蔵人の順位。当地域が鎌倉時代に宮中で雑役の仕事を任されていたことから地名となり、駅の開業時に残っていた村名が付けられた。

撮影：荻原二郎

昭和40年(1965)

昭和47年に高架化されるまで、六郷土手駅の駅舎は、構内北側の通り沿いに続く商店街の並びにあった。やや広い幅の通りには踏切が設置され、駅のホーム同士も構内踏切で連絡していた。

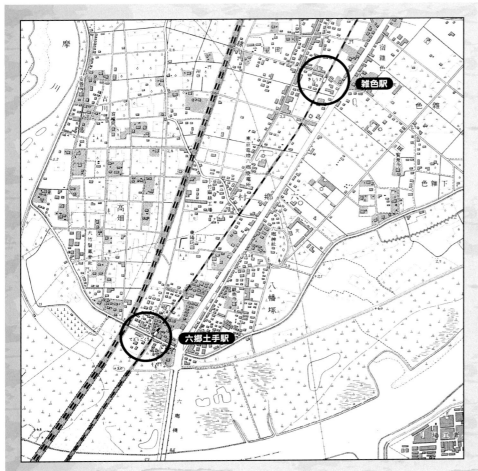

昭和53年(1978)

六郷川橋梁の架け替えに伴い、昭和47年に高架化された六郷土手駅。現在もホーム沿いのフェンスや上屋のない部分に立ち並ぶ照明機器等の設えは当時のままだ。停車中の600形は昭和61年まで活躍した。

昭和3年(1928)

雑色、六郷土手周辺

　六郷は北から、町屋、道塚、古川、雑色、高畑、八幡塚の村からなる地域名から出来た地名である。地図には、道塚を除く5つの地名がある。雑色については、宿雑色、下雑色と書かれている間にゴシックで「雑色」と大字名があり、雑色が広い地名であることが分かる。

　多摩川の堤防（土手）に架かるように六郷土手駅がある。多摩川が蛇行して神奈川県側に膨らんだ六郷の最も神奈川よりの所である。現在は、近隣の住民の利用の他、多摩川の河川敷にある野球場やテニスコートの利用者にも便利である（昭和3年当時は河川敷の利用は進んでいない）。現在の駅のあたりは海抜約3mであるが、土手（堤防）の上は海抜約6mである。

けいきゅうかわさき

京急川崎

京急川崎：開業年▶明治35（1902）年9月1日　**所在地**▶川崎市川崎区砂子1-3-1　**ホーム**▶本線・2面4線（高架）／大師線・2面2線（地上）　**乗降人数**▶120,030人
キロ程▶11.8km（品川起点）

京急本線と大師線の分岐点。初代の川崎駅は六郷橋駅となり廃止された。南西にはJR東海道・南武線の川崎駅。川崎市役所・区役所の最寄り駅。

　明治32（1899）年1月、現在の大師線の一部である、六郷橋（初代川崎）〜大師間で開業した大師電気鉄道は、社名を京浜電気鉄鉄道に変更した後、明治35年9月、六郷橋〜川崎（二代目）間の延伸を行い、川崎（二代目、現・京急川崎）駅が開業した。先の六郷橋駅は、太平洋戦争中に休止となり、昭和24（1949）年7月に廃止された。

　一方、現在の京急本線は明治34年2月、初代川崎（六郷橋）〜大森停車場前間が開業。明治38年12月には川崎〜神奈川間が延伸している。明治39年10月、雑色〜川崎間の新線が開通して川崎駅が大師線との分岐点となった。大正14（1925）年11月、京浜川崎駅に駅名を変更、さらに昭和62年6月に京急川崎駅となった。

　現在の京急川崎駅は二層構造になっており、1階に改札口と大師線のホーム（頭端式2面2線）が置かれている。2階には島式2面4線の構造をもつ京急本線のホームがある。この駅の南西には、乗り換えが可能なJR東海道線（上野東京ライン）、京浜東北線、南武線の川崎駅がある。こちらの川崎駅は、明治5（1872）年7月、官設鉄道の新橋〜横浜間の中間駅として開業した、日本で3番目に古い駅である。この両駅は、川崎市役所、川崎区役所の最寄り駅となっている。

七夕の日の京浜川崎（現・京急川崎）駅。ホームに明かりが灯る夕刻の本線を発車して行く上り列車は、少し早い海開きとともに運転された「海水浴特急」。更新化された400形が運用に就いている。手作りの列車表示板が微笑ましい。
撮影：矢崎康雄

昭和40年（1965）　線路沿いに大型商業施設が立ち並ぶ京浜川崎（京急川崎）駅付近を行く1000形の浦賀行き。並行する川崎市電603号は、旧型車の台車等を流用した昭和28年製。
撮影：荻原二郎

本線▶京急川崎

昭和32年(1957)

提供：京急電鉄

撮影：荻原二郎

六郷土手～京浜川崎(現・京急川崎)間の多摩川に架かる鉄橋は、付近の地名から六郷川橋梁と名付けられている。現在の橋梁は昭和45年に架け替え工事が始められ、上り線が昭和46年、下り線が昭和47年に竣工した。

昭和32年に竣工した京浜川崎(現・京急川崎)駅の新駅ビル。現在まで本体の壁面等に新築時の雰囲気を残す。

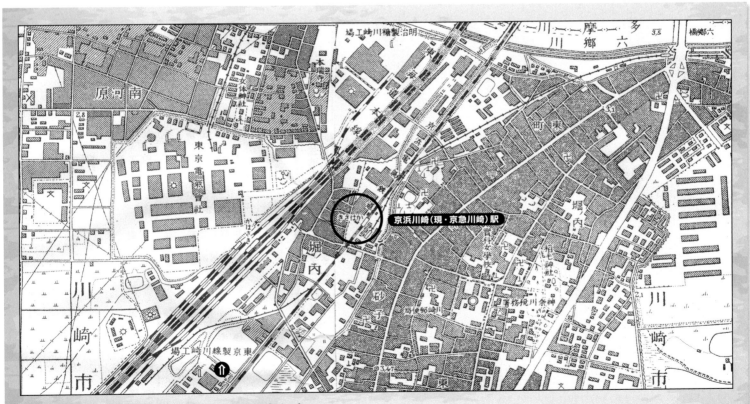

昭和3年(1928)　京急川崎周辺

　京急川崎・国鉄川崎駅の周辺には、線路の西側を中心に東京電気会社、東京製線川崎工場、明治製糖川崎工場などが広がっている。一方、京浜川崎駅の東側には川崎市役所とともに、川崎郵便局、実科女学校、神奈川税務署、稲毛神社などがある。その東側を国道15号(第一京浜)が通っているが、駅前から川崎港に至る神奈川県道9号、国道132号はまだ整備されていない。

　地図の右下(南西)に見える高女校は、現在の川崎市立川崎高校・付属中学校で、この西側には現在、富士通スタジアム川崎、川崎競輪場がある。地図の北側には、多摩川(六郷川)が流れ、六郷橋が架かっている。

　左下に京急線から分岐し、東海道線と東京製線の工場の間に敷設されているのが川崎貨物線である。現在のJR川崎駅東口バスターミナルを斜めに横断していた。トラック輸送などの台頭で昭和7年頃には使用されなくなった。

川崎市電の横を4両編成の京急の電車が通り抜けてゆく。市電の時代は終わりに近づき、駅前広場は路線バスで埋めつくされている。奥の国鉄川崎駅の駅ビルは昭和33年に完成したもの。タクシーや自家用車の数はまだ少なかった。

提供：朝日新聞社

本線 ▶ 京急川崎

昭和36年(1961)

みなとちょう、すずきちょう、かわさきだいし

港町、鈴木町、川崎大師

港町：開業年▶昭和7(1932)年3月21日　所在地▶川崎市川崎区港町1-1　ホーム▶2面2線(地上)　乗降人数▶5,099人　キロ程▶1.2km(京急川崎起点)
鈴木町：開業年▶昭和4(1929)年　所在地▶川崎市川崎区鈴木町2-2　ホーム▶2面2線(地上)　乗降人数▶8,597人　キロ程▶2.0km(京急川崎起点)
川崎大師：開業年▶明治32(1899)年1月21日　所在地▶川崎市川崎区大師駅前1-18-1　ホーム▶2面2線(地上)　乗降人数▶17,605人　キロ程▶2.5km(京急川崎起点)

大師線には港町、鈴木町、川崎大師駅。鈴木町駅は味の素創業者の名前から。川崎大師駅は京浜急行発祥の路線。大師電気鉄道の大師駅を起源とする。

　大師線最初の駅である港町駅は、昭和4(1929)年から昭和6年にかけて臨時停留場として「河川事務所前」が開設されたのが始まりである。その後、昭和7年3月にコロムビア前駅として開業し、昭和18年6月に一時休止となるが、昭和19年2月に港町駅として再開された。昭和31年10月に現在地に移転し、平成26(2014)年1月、駅の改修工事が完成し、現在のような姿となった。現在の駅の構造は相対式2面2線を有する地上駅である。なお、旧駅名の「コロムビア前」は、日本コロムビア川崎工場の最寄り駅であったことによる。現在は川崎競馬場の最寄り駅となっている。

　鈴木町駅は現在の地名がそのまま駅になっているが、昭和19年10月に現在の駅名に変わる前は、味の素前駅を名乗っていた。昭和4年12月に味の素川崎事業所の出入り口前に開かれ、地名の鈴木町も味の素創業者である鈴木三郎助に由来する。駅の構造は相対式2面2線のホームを有する地上駅で、ホーム間を結ぶ構内踏切が存在する。

　次の川崎大師駅は明治32(1899)年1月、大師電気鉄道の大師駅として開業した京浜急行最古の駅である。現在の駅名に変わったのは大正14(1925)年11月で、文字通り、川崎大師(平間寺)の門前駅である。現在の駅の構造は、相対式ホーム2面2線をもつ地上駅である。

昭和46年(1971)
簡易な造りながら、最寄りの川崎競馬場開催時には込み合う鉄道利用客に対応してか、出入り口付近が広い現在の駅に建て替え前の港町駅舎。昭和31年に川崎大師駅寄りにあった旧駅から現在地へ移転した。
撮影：荻原二郎

昭和46年(1971)
鈴木町駅に入線する大師線内を折り返す線内列車。冬の斜光は、駅舎からホームに大きな上屋が被さる構内に影を落とす。写真のデハ277は、京急を引退した後に高松琴平電鉄へ譲渡された内の1両。
撮影：荻原二郎

昭和42年(1967)
鉄道の黎明期を彷彿とさせる2階建ての木造駅舎が目を惹く鈴木町駅。写真は隣接する味の素川崎事業所の出入り口側から撮影したもの。駅名は昭和19年まで「味の素前」だった。
撮影：荻原二郎

昭和52年(1977)
多摩川に架かる六郷橋の袂を潜れば、終点の京浜川崎(現・京急川崎)駅まではあと僅か。大師線内を折り返し運転する230形が、緩やかな曲線の先から現れた。
撮影：柳川和章

大師線 ▶ 港町、鈴木町、川崎大師

昭和37年(1962)

撮影：荻原二郎

駅の前後で線路が道路を横切る大師線の鈴木町駅。北側には広大な「味の素」の工場が広がり、駅前より南側に市街地が続く。昭和中期には長閑な風景の中を、2両編成の古豪電車がのんびりと走っていた。

昭和30年頃

提供：京急電鉄

木造平屋建ての駅舎で営業していた時代の川崎大師駅。川崎大師の名で知られる平間寺への最寄り駅で年末年始は参詣者で賑わう。駅前に主要駅までの料金、乗車時の注意書き等が記載された大きな看板が立っている。

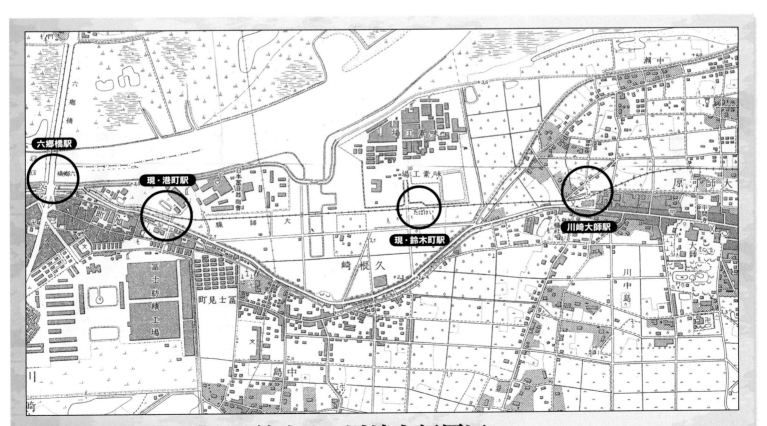

昭和3年(1928) 港町、鈴木町、川崎大師周辺

　多摩川（六郷川）の南岸を東に走る大師線には、京急本線との分岐点である六郷橋駅、池端駅、川崎大師駅が置かれている。地図中央に「久根崎」の地名はあるが、昭和3年12月に大師線の経路変更、専用軌道化で池端駅とともに廃止された久根崎駅は見えない。この古地図上、池端駅と記されている場所付近に現在の鈴木町駅がある。

　大師線の北側には味の素工場、日本蓄音器商会、南側には富士紡績工場があるが、工場従業員の窓口となった鈴木町、港町（開業時は、コロムビア前）駅はまだ誕生していない。川崎大師（平間寺）のある川崎大師駅周辺は「大師河原」と呼ばれ、「鉄道唱歌」にも歌われている。

ひがしもんぜん、さんぎょうどうろ、こじましんでん

東門前、産業道路、小島新田

東門前：開業年▶昭和19（1944）年6月1日　所在地▶川崎市川崎区中瀬3-23-10　ホーム▶2面2線（地上）　乗降人数▶12,186人　キロ程▶3.2km（京急川崎起点）
産業道路：開業年▶昭和19（1944）年6月1日　所在地▶川崎市川崎区大師河原2- 4-25　ホーム▶2面2線（地上）　乗降人数▶8,883人　キロ程▶3.8km（京急川崎起点）
小島新田：開業年▶昭和19（1944）年10月1日　所在地▶川崎市川崎区田町2-13- 5　ホーム▶1面2線（地上）　乗降人数▶21,179人　キロ程▶4.5km（京急川崎起点）

昭和19年6月に開業した東門前と小島新田。以前には海岸電気軌道の駅。「小島新田」は現・大師線の終着駅。昭和19年10月の開業時は中間駅。

　大正14（1925）年8月、海岸電気軌道が開通したときに駅が置かれ、その後に廃止された歴史があり、昭和19（1944）年6月、大師線が産業道路駅まで延伸した際に東門前駅が開業した。駅名の由来は、平間寺山門の東側にあたることによる。駅の構造は相対式ホーム2面2線を有する地上駅で、構内踏切でホーム間が結ばれている。

　産業道路駅も、東門前駅と同様に海岸電気軌道の駅が前身として存在し、昭和19年6月に当時の東京急行電鉄（大東急）の駅として開業した歴史をもつ。このときは終着駅で、同年10月に入江崎駅まで延伸したが、この区間は川崎市交通局（川崎市電）に譲渡された後に廃止となっている。産業道路駅の構造は、相対式ホーム2面2線を有する地上駅であるが、現在は地下化の工事が進められている。なお、「産業道路」の駅名の由来は、国道131号による。

　現在の大師線の終点駅である小島新田駅は昭和19年10月、産業道路～入江崎間の延伸に伴い、中間駅として開業している。昭和39（1964）年3月、小島新田～塩浜間の休止に伴い、終着駅に変わった。このときに約300m、産業道路駅側に移転し、駅の構造も相対式2面2線から単式1面1線のホームになった。平成22（2010）年10月、現在の島式1面2線のホームを有する駅に変わっている。

撮影：荻原三郎

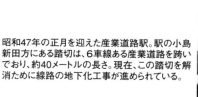
川崎大師駅と共に川崎大師へ向かうもう一つの門前駅。小学校の体育館が正面にそびえる駅の周辺は普段、静かな佇まいである。駅に隣接して踏切があり、構内の北側を国道406号線が通る。

撮影：山田虎雄
大師線産業道路駅に入る230形4連。湘南電気鉄道、京浜電気鉄道時代より主力として活躍してきた16メートル級電車は、大師線が最後の定期運用路線となり、昭和53年まで運転されていた。

撮影：山田虎雄
昭和47年の正月を迎えた産業道路駅。駅の小島新田方にある踏切は、6車線ある産業道路を跨いでおり、約40メートルの長さ。現在、この踏切を解消するために線路の地下化工事が進められている。

長らくホーム1面、線路1線の棒線駅時代が続いていた大師線の終点小島新田駅。駅舎は支線の終点らしい簡素な造りだが、背後にそびえる多層構造のガントリーは、工場地帯の中にあって堂々たるものだ。

撮影：荻原二郎

昭和46年(1971)

大師線 ▶ 東門前、産業道路、小島新田

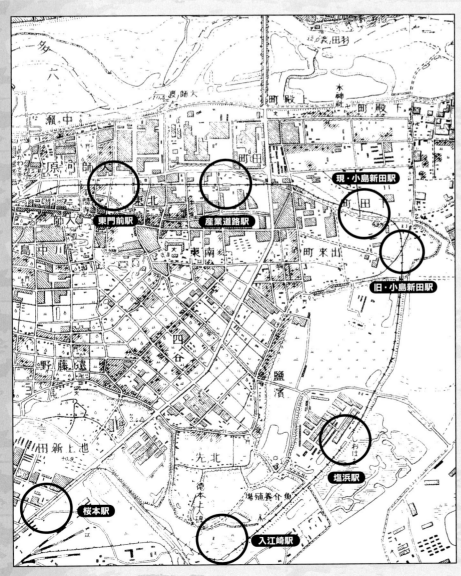

撮影：荻原二郎

大師線塩浜駅に停車する120形。小島新田駅と入江崎駅のほぼ中間地点にあった駅は、付近で塩浜操車場の建設が始められた昭和39に営業を休止。昭和45年に小島新田〜当駅間が廃止され、正式に廃止駅となった。

昭和3年 (1928)

東門前、産業道路、小島新田周辺

　川崎大師駅から東に延びる大師線には現在、東門前、産業道路、小島新田駅が置かれている。かつては現・終着駅の小島新田駅から南の塩浜、入江崎、桜本駅に至る路線もあった。この地図の南東には塩浜駅が見える。地図の中央やや上、「南東」の地名付近に見える「文」の地図記号は川崎市立大師小学校で、「北東」「南東」地名に由来する東門前駅は、この小学校の北側に存在する。

　一方、地図の北側には多摩川が流れ、橋のなかった時代から続く「大師渡」「羽田渡」が存在した。この中間には産業道路（県道6号）が通る「大師橋」が生まれており、この当時は昭和14年に架橋された旧橋だった。この道路に由来するのが産業道路駅である。また、大師橋の東側には水神社が鎮座している。

昭和30年(1955)

東京湾の埋め立てが進められ、臨海部が工業地帯と化す前の昭和30年。大師線の塩浜界隈は砂浜が広がる海辺の行楽地だった。荷台に大振りな箱を載せた自転車は「アイスキャンデー」の幟を建てている。自動車も通れそうな踏切は、警報機や遮断機が設置されていない簡素なもので、電車は道床を隠す砂埃を巻き上げて通過して行く。

撮影:竹中泰彦

COLUMN

市区町史に登場する京急電鉄① 川崎市史より

大師電気鉄道・京浜電気鉄道の開通

　明治23年(1890)4月から7月に上野公園で開かれた第3回内国勧業博覧会で、アメリカから輸入した電車の運転が行われると、これが全国的な反響を呼び、電気鉄道敷設の計画が各地であいついで起こった。同26年には、各地の電気鉄道を計画する人びとによって「電気鉄道期成同盟会」が結成され、電気鉄道敷設の推進運動が展開された(野田正穂ほか編『日本の鉄道－成立と展開－』)。

　このような私設鉄道あるいは、電気鉄道の敷設をめぐる鉄道熱を背景にして、明治28年7月、横浜電車鉄道の発起人高瀬理三郎らが、横浜から川崎を経て大師河原に至る電気鉄道の敷設を出願した。次いで翌年3月には、いち早く電気鉄道事業に参画し指導的立場にあった立川勇次郎を発起人総代として、川崎町在住の田中亀之助(写真55)ら13人が発起人となり、「川崎電気鉄道敷設特許請願書」が提出された。この結果、川崎－大師河原間を結ぶ電気鉄道敷設計画は、横浜電車鉄道と川崎電気鉄道の競願となった。

(中略)

　このような経緯で大師電気鉄道(現京急大師線)が川崎(のちの六郷橋)－大師間(全長2km)に開通したのは、明治32年1月21日であった。これは、京都電気鉄道(同28年開業)・名古屋電気鉄道(同31年開業)に続く日本で3番目の電気鉄道で、また東日本では最初の電気鉄道であった。

　開業当日は川崎大師の縁日に当たり、前日の午後5時から沿道の住民に限って、無料で試乗が行われた。運賃は、川崎－大師間が並等5銭・上等10銭、また川崎－池端間と池端－大師間はそれぞれ並等3銭・上等5銭であった。東京と横浜からの旅客については人力車が必要とされたため、「だるま組」と協議のうえ、官設鉄道川崎停車場に切符売場を設け、同停車場から電車の乗場までを4銭として連絡切符が発売された。当時、東京でも見ることの少ない電車が軽快に走る姿は、沿線の人びとには珍しく、黒山の人だかりができたといわれている。また、この日の収入が300円余りであったことで社員一同は歓喜し、終業後祝杯をあげたことも伝えられている(『京浜電気鉄道沿革史』)。

　この鉄道の営業運転は午前9時から午後6時、日曜・大師大祭日(1月・3月・9月の21日)、および毎月1・15・20・21日は午前8時から午後8時まで5分間隔で行われた。もっとも技術が未熟であったため、しばしば脱線することもあり、乗客獲得策として扇子を配布したという逸話も伝えられている。それでも開業当時の営業報告によれば、大師縁日の毎月21日には大混雑を極め、1日に250～260回余りの運転を行い、事故による負傷者もなく順調な滑り出しであったといわれる。大師電気鉄道は、営業開始から5月までの約4か月間で1日平均1200人余り、約16万人の乗客を運んだ。なおこの路線は単線であったが、同32年8月に複線化が計画され、11月にその運転を開始した。

　川崎－大師間の営業に成功した大師電気鉄道は、さらに京浜間に路線を敷設するため、その準備に着手した。すでに川崎－品川間については京浜間電気鉄道の敷設が申請されており、これと合同することを得策として、明治32年(1899)4月に大師電気鉄道株式会社と京浜間電気鉄道創立発起人との合併による京浜電気鉄道株式会社が設立された(『市史』資料3近代149～151)。これによって、川崎以北および以南への新路線の敷設が次々に計画・着工され、その第一期線として着手されたのが六郷橋から官設鉄道大森停車場に至る路線であった。この路線は同33年8月に着工し、翌年2月に開業した。運賃は並等10銭・上等15銭であった。

　また明治35年6月には、穴守稲荷への参詣客のため蒲田で分岐して稲荷橋に向かう羽田支線(穴守線)も開業し、さらに同年9月には京浜電気鉄道にとって待望久しかった六郷橋から官設鉄道の川崎停車場に達する路線が開業した。この川崎への開通にともない、京浜電気鉄道の運転系統は大森－大師、大森－穴守、川崎－大師となり、終点ではいずれもループ線による方向転換を行った。運賃は大森－大師間が並等15銭・上等22銭、大森－蒲田間は並等8銭(往復割引14銭)、また蒲田から穴守までの人力車連絡の賃金は片道15銭・往復27銭であった。旅客の流れは、大森発大師行き・大森発穴守行きが増加を示し、この区間では往復割引券(大森行き並等25銭、穴守行き並等28銭)が、また大森や川崎の発着で「途中昇降随意」の巡回割引券(当日限有効)が発売された。

　さらに同年11月に京浜電気鉄道は、六郷橋－品川間の新設軌道の敷設を線路変更として内務省に特許され、こののち、品川－大森海岸が明治37年4月に完成し、5月8日に全線新設軌道による営業運転を開始した。用地の買収には難渋し、大部分を単線とする開通であったが、これによって川崎－品川間が全通した。この品川開通後の乗降客は、開通前に比べて月平均約5割増加したが、それは主に品川・大森地区での短距離客によるものであった。品川延長完成から1年後の同38年4月、川崎－神奈川間の建設工事に起工し、同年12月に竣工、品川－神奈川間の営業運転が始まった。

(中略)

　大師電気鉄道創業以来、建設と改良を積み重ねてきた京浜電気鉄道の路線は、おおむねこの形態で大正末年まで運営された。

大師線

昭和26年(1951)

入江崎～桜本間が開業によって大師線が全線開通したのは昭和20年。それから僅か6年後には塩浜～桜本間が休止に追い込まれてしまった。戦時中に建設された末端区間は、急ごしらえな印象だ。斜めに梁を打ち付けた木製の橋脚に、枕木で高さを調整している橋梁は仮組みされた施設のよう。600V区間を電動車の140形が行く。

撮影：荻原二郎

昭和37年(1962)

大師線の小島新田～塩浜間の廃止時、塩浜駅には多くの人々が集まった。駅付近の人々は皆、引き上げ線へ移動しようとしている電車に視線を寄せている。

撮影：矢崎康雄

はっちょうなわて、つるみいちば

八丁畷、鶴見市場

八丁畷：開業年▶大正4（1915）年　所在地▶川崎市川崎区池田1-6-1　ホーム▶2面2線（地上）　乗降人数▶14,053人　キロ程▶13.0km（品川起点）
鶴見市場：開業年▶明治38（1950）年12月24日［市場］　所在地▶横浜市鶴見区市場大和町7-1　ホーム▶2面2線（地上）　乗降人数▶19,478人　キロ程▶13.8km（品川起点）

八丁畷駅はJR南武線との中間改札のない共同使用駅。
明治38年に市場駅として開業した鶴見市場駅。一時は廃駅となった歴史も。

　京急本線とJR南武線（浜川崎線）との連絡駅となっているのが、この八丁畷駅である。駅としては京急の駅が先輩で、大正4（1915）年12月の開業である（大正5年とする説もある）。南武線の駅は昭和5（1930）年3月、まずは南武鉄道の貨物駅として開業し、4月に旅客営業を開始した。現在は京急とJRの共同使用駅になっている。また、JR東海道線支線（貨物線）があり、鶴見駅との間が結ばれている。

　現在の駅舎は平成元（1989）年11月に改築されたもので、平成23（2011）年1月に西口が鶴見市場駅側に70m移動した。京急駅の構造は相対式2面2線のホームを有する地上駅で、その上を南武線が高架で通っている。

　明治38（1905）年12月に市場駅として開業したのが現在の鶴見市場駅である。その後、八丁畷駅が開業したために廃止された時期があったが、大正5年に旧駅から230m、京急鶴見駅側に再開業した。そのため八丁畷駅との距離は0.7kmと短い。

　昭和2年4月、現在の駅名である「鶴見市場」に変わった。駅の構造は相対式ホーム2面2線の地上駅であり、昭和58年4月に橋上駅舎となっている。この駅は正月に行われる箱根駅伝の「鶴見中継所」の最寄り駅であり、駅伝開催時には駅前が観客で賑いを見せる。

昭和40年（1965） 八丁畷駅では京急線の上を国鉄南武線（支線）と東海道貨物線が跨いでいる。駅舎の後ろに見える跨線橋の橋部分が南武線のホームで、1面1線の棒線駅状。構内は京急が管轄している。

撮影：荻原二郎

本線 ▶ 八丁畷、鶴見市場

昭和40年(1965)

隣の八丁畷駅開業で1度は廃止されたが、地元の要請を受けて1年後に営業を再開した鶴見市場駅。八丁畷駅とは0.8キロメートルの距離がある。西方の京急鶴見駅までは、鶴見川を隔てて1.5キロメートル。 提供：京急電鉄

昭和40年(1965)

高架化工事が進む中で、先に竣工した上り線が使われ始めた。下り線方は未だ手付かずの様子だ。500形6連の品川行き「快特」が真新しい鉄路を踏みしめるように走って行った。 撮影：江本廣一

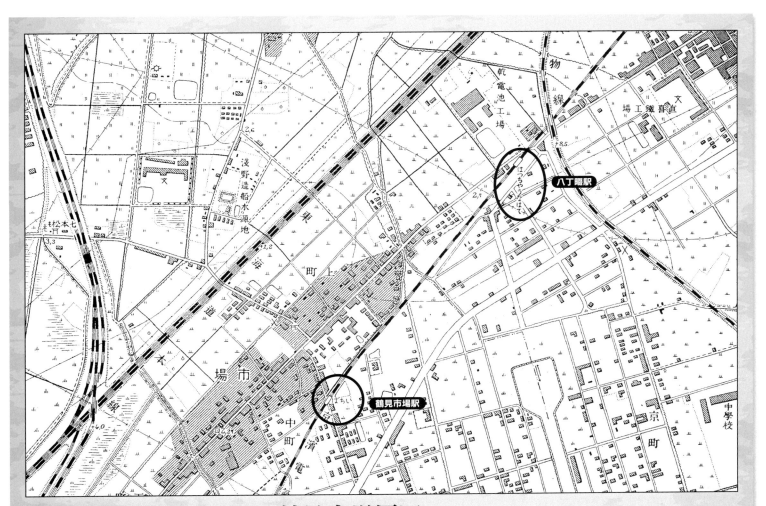

昭和3年(1928) 八丁畷、鶴見市場周辺

　昭和5年3月に開業する南武鉄道（現・JR南武線）の八丁畷駅はまだ開業しておらず、京急本線の八丁畷駅だけが存在している。周辺には乾電池工場、直喜鉄工所が存在しているものの、駅名（八丁畷）の由来となった、市場町に続くあぜ道のある田んぼが広がっていた。
　その市場町には、京急の市場（現・鶴見市場）駅が置かれており、東側を第一京浜（国道15号）が通っている。少し離れた東側に見える「中学校」は、現在の神奈川県立川崎高校である。地図の北西にある「浅野造船水源地」の西側に見える、「文」の地図記号は、現在の横浜市立市場小学校である。

けいきゅうつるみ
京急鶴見

京急鶴見：開業年▶明治38（1905）年12月24日　所在地▶横浜市鶴見区鶴見中央1-30-22　ホーム▶2面3線（高架）　乗降人数▶30,497人　キロ程▶15.3km（品川起点）

京急鶴見駅は、JR京浜東北線・鶴見線の鶴見駅との連絡駅。
横浜市の鶴見区役所、曹洞宗大本山の總持寺の最寄り駅となっている。

　横浜市鶴見区役所の最寄り駅であり、JR東海道線の鶴見駅との連絡駅となっている。駅の開業は明治38（1905）年12月で、大正14（1925）年11月に京浜鶴見駅と駅名が改称され、昭和62（1987）年6月に現在の駅名「京急鶴見」になっている。駅の構造は、単式ホーム1面1線、島式ホーム1面2線を有する高架駅である。

　西側を走るJR東海道線の鶴見駅は、明治5（1872）年10月、新橋〜品川間の開業時に誕生した歴史をもつ。この駅の存在から、当初、鶴見駅を名乗っていた京急の鶴見駅は、途中から社名を冠することになった。現在は、東海道線とともに武蔵野線、鶴見線、南武線（支線）の接続駅となっている。また、戦前には鶴見線の前身である鶴見臨港鉄道の鶴見駅があった。この京急鶴見駅とJRの鶴見駅西側には、曹洞宗大本山の總持寺がある。この寺院は明治44年に石川県から移転してきた。現在はこの南側に、鶴見大学のキャンパスが誕生している。

　戦前、この總持寺の参詣客のための最寄り駅として、京急と海岸電気軌道に総持寺駅が設置された歴史がある。京急の総持寺駅は昭和18年に休止、翌年に廃止となった。また、鶴見臨港鉄道に置かれていた本山駅もほぼ同時期に廃止されている。

昭和44年（1969） 大正14年に停留場から駅に昇格して以来、高架化の後も長らく京浜鶴見の駅名は継承された。改札口付近に貼られた手書きの広告、案内が、殺風景な建物に人の温もりを感じさせる。

撮影：荻原二郎

本線線 ▶ 京急鶴見

昭和30年代前半

のどかな駅前風景だった頃の京浜鶴見（現・京急鶴見）駅東口。当時から駅前には多くの商店があり、賑わっていた。

提供：京急電鉄

昭和57年(1982)

昭和56年に高架化された京浜鶴見（現・京急鶴見）駅。当時は大正時代以来の駅名である、「京浜鶴見」を名乗っていた。昭和62年に「京急鶴見駅」と改称した。平成25年に副駅名を「ナイス本社前」。平成28年に「京三製作所本社」とした。

撮影：山田虎雄

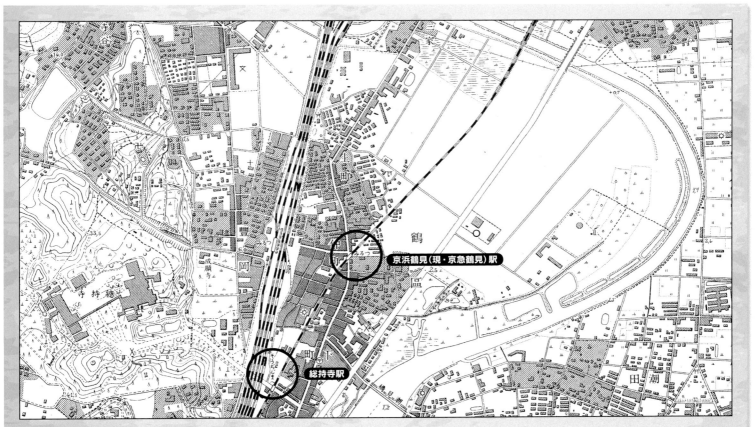

昭和3年（1928） 京急鶴見周辺

　この時代の京急本線には、京浜鶴見（現・京急鶴見）駅とともに、総持寺駅が存在していた。この総持寺駅が門前駅となっていたのが、地図の西南側一帯を占める曹洞宗の大本山、總持寺である。現在でもその境内は広く、緑の木々が広がる場所となっている。その南に見える花月園は戦前には賑わった遊園地（娯楽施設）であり、戦後は花月園競輪場となっていた。

　地図の東側を流れる鶴見川には、潮見橋が架かっている。一方、京浜鶴見駅の東側には、国道15号の姿はあるものの、周辺はほとんど白紙の状態で、開発は進んでいなかった。現在の鶴見線の前身である鶴見臨港鉄道は、まだ国鉄の鶴見駅には乗り入れていなかった。

かげつえんまえ、なまむぎ、けいきゅうしんこやす

花月園前、生麦、京急新子安

花月園前：開業年▶大正4(1915)年4月12日　所在地▶横浜市鶴見区生麦5-1-3　ホーム▶2面2線(地上)　乗降人数▶6,193人　キロ程▶16.1km(品川起点)
生麦：開業年▶明治38(1905)年12月24日　所在地▶横浜市鶴見区生麦3-1-35　ホーム▶2面3線(地上)　乗降人数▶27,752人　キロ程▶16.9km(品川起点)
京急新子安：開業年▶明治43(1910)年3月27日　所在地▶横浜市神奈川区子安通3-289　ホーム▶2面2線(地上)　乗降人数▶8,084人　キロ程▶18.3km(品川起点)

遊園地・競輪場が存在した花月園前駅。生麦は幕末の歴史的事件の舞台。京急新子安駅はJR新子安駅と連絡。明治43年の開業当時は新子安駅。

　戦前には花月園遊園地、戦後は花月園競輪場の最寄り駅として大いに賑ったのが花月園前駅である。花月園前駅の開業は大正3(1914)年4月。現在の駅の構造は相対式ホーム2面2線をもつ地上駅で、昭和46(1971)年12月に橋上駅舎が誕生した。

　花月園前駅は生麦5丁目にあるが、次の生麦駅は生麦3丁目に置かれている。この駅の開業は、明治38(1905)年12月で、1世紀以上の歴史がある。幕末の生麦事件の舞台として知られる場所でもあり、江戸時代から生麦村が存在し、鶴見村を経て明治22年に生見尾(うみお)村が誕生している。この「生見尾」とは、「生麦」「鶴見」「東寺尾」の旧村名から、一字ずつを取ったものである。昭和2年に横浜市の一部となり、鶴見区生麦町となった。現在の生麦駅の構造は、単式1面1線、島式1面2線のホームの地上駅で、橋上駅舎を有している。

　JR東海道線の新子安駅と並列している京急新子安駅は、明治43年3月に開業しており、当時、東海道線には駅が置かれていなかった。しかし、昭和18年11月に、国鉄の新子安駅が誕生したことで、「京浜新子安」と駅名を改称。昭和62年6月に京急新子安駅となり、現在に至っている。駅の構造は相対式2面2線のホームをもつ地上駅で、昭和54年2月に橋上駅舎が誕生している。

昭和42年に橋上化された生麦駅は、複線の本線上にホームを設けた簡潔な構造だった。平成6年に下り線のみ待避線を追加。幕末に起こった生麦事件の石碑が、横浜方700メートル程の国道15号線近くに建つ。

大正3年に開園した遊園地「花月園」への最寄り駅として開業した花月園前駅。昭和21年に閉園となり、跡地に建設された「花月園競輪場」も平成22年に廃止された。現在は駅名にのみ華やかだった時代の香りが残る。

京浜新子安駅。新子安駅として開業したが、並行する省線(現在の京浜東北線)に同名の新駅が昭和19年に開業し、「京浜」の名を冠した駅名に改称。さらに昭和62年、京急新子安駅に改称した。

昭和14年(1939)

京浜電気鉄道デ41号形は、大正11年に10両が製造された。木造の車体は藤永田造船所が担当し、台車・電装機器等はアメリカ製のものが使われた。写真はトローリーポールを搭載していた最末期に総持寺駅で撮影されたもの。

海岸電気鉄道は京浜電気鉄道の子会社で大正14年の開業。現在の京急鶴見駅と花月園駅の間にあった総持寺駅(写真)と川崎市内の大師駅を結ぶ軌道線だった。鶴見臨港鉄道に譲渡された後、昭和12年に廃止された。

撮影：荻原二郎

昭和初期

提供：京急電鉄

本線▼花月園前、生麦、京急新子安

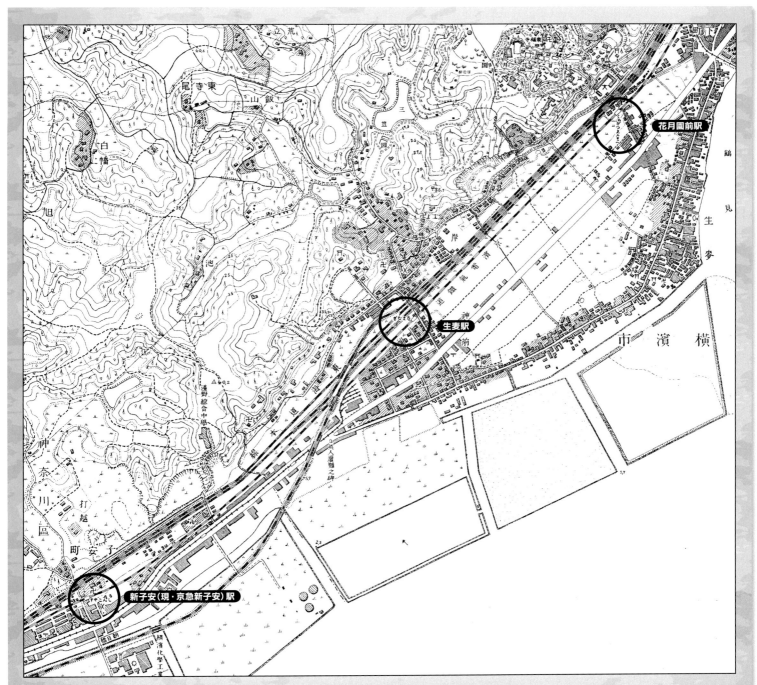

昭和3年(1928) 花月園前、生麦、京急新子安周辺

この区間には、花月園前、生麦、(京急)新子安の3駅が存在するが、国鉄線には駅が見えない。現在の新子安駅が誕生するのは、昭和18年11月である。地図上に見える鉄道線は北から東海道線、京浜急行線、横浜市電(第一京浜)、高島線(東海道貨物線)である。横浜市電の生麦線は昭和41(1966)年に廃止された。
市電が走っている第一京浜(国道15号)の生麦〜新子安間の中間付近には「英人遭難之碑」があり、幕末の生麦事件が起こった場所であることを示している。現在はキリンビール横浜工場がある埋立地には、まだ工場などはほとんどできていない。

こやす、かながわしんまち、なかきど

子安、神奈川新町、仲木戸

子安：開業年▶明治38（1905）年12月24日　所在地▶横浜市神奈川区子安通1-46　ホーム▶2面4線（地上）　乗降人数▶7,498人　キロ程▶19.3km（品川起点）
神奈川新町：開業年▶大正4（1915）年8月21日　所在地▶横浜市神奈川区亀住町19-1　ホーム▶2面4線（地上）　乗降人数▶17,084人　キロ程▶20.0km（品川起点）
仲木戸：開業年▶明治38（1905）年12月24日　所在地▶横浜市神奈川区東神奈川1-11-5　ホーム▶2面2線（高架）　乗降人数▶20,818人　キロ程▶20.5km（品川起点）

子安駅は相応寺・子育地蔵に由来。神奈川新町駅は神奈川宿の新町から。明治38年の開業時は「中木戸」。東海道線・横浜線の東神奈川駅と連絡。

　横浜市神奈川区に入り、二つ目の駅が「子安」である。隣りの新子安駅と同様、駅の名称は浄土宗の名刹、吉祥山相応寺に由来し、門前に子育地蔵が並ぶことから、「子安」の地名と駅名が生まれた。子安駅の開業は明治38（1905）年12月である。現在の駅の構造は、島式2面4線のホームを有する地上駅で、跨線橋、地下通路でホーム、駅舎が結ばれている。

　次の神奈川新町駅は、子安、仲木戸駅からやや遅れた、大正4（1915）年8月の開業である。当初の駅名は「新町」で、東海道にあった神奈川宿の新町に由来し、昭和2（1927）年4月に現在の「神奈川新町」に改称した。駅の構造は、島式ホーム2面4線を有する地上駅で、西側には京急の車両基地、新町検車区が置かれている。また、この検車区に隣接して、JR東日本鎌倉車両センター東神奈川派出所がある。

　仲木戸駅は、JR京浜東北線と横浜線の東神奈川駅の東側に位置し、連絡駅となっている。また、両駅の西側には、横浜市神奈川区役所があって、その最寄り駅である。駅の開業は明治38年12月、当初は「中木戸」であったが、大正期に「仲木戸」に変わった。駅舎は昭和20年5月の横浜大空襲で焼失、戦後も昭和32年7月の火災でも焼失した歴史をもつ。現在の駅の構造は、相対式ホーム2面2線を有する、盛土上の高架駅である。

昭和41年（1966）

国鉄線と第一京浜に挟まれた、細長い土地に設置された子安駅。ホームも土地の形状に合わせてカーブしている。構内に横浜線の線路が近寄る。
撮影：荻原二郎

昭和45年（1970）

ゴールデンウイーク期間中の神奈川新町駅。改札口付近には国旗と社紋の入った社旗が掲出されている。二つの窓口には「出札口」と「定期券発売口」の異なる表記。駅前の踏切は隣接する新町検車区構内に続く。
撮影：山田虎雄

昭和44年（1969）

待避線に入った普通列車を尻目に、子安駅を通過して行く600形の「快特」。従来の特急よりも停車駅が少なく、速達性の高い列車として「週末特急」を定期化し、昭和43年から運転している。
撮影：山田虎雄

昭和46年(1971)

本線 ▶ 子安、神奈川新町、仲木戸

ホームがある築堤の下に建つ仲木戸の駅舎。明治43年に高架化され、駅舎も高架部に造られた。しかし、昭和32年に火災で駅舎を焼失。その後、地上部分に新駅舎を建てて復旧した。

撮影：小川峯生

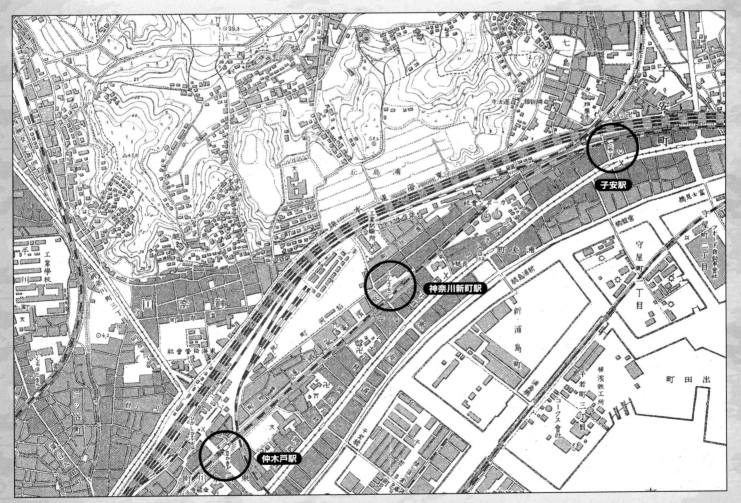

昭和3年(1928) **子安、神奈川新町、仲木戸周辺**

　地図の右(東)側には「子安町」の文字が見え、京急本線の子安駅が置かれている。駅の北側には、地名の由来となった「子育地蔵」で有名な相応寺がある。この付近から北に延びるのは、横浜鉄道に起源をもつ横浜線である。
　京急本線には続いて神奈川新町、仲木戸駅が置かれている。この仲木戸駅と並列する国鉄の駅が東神奈川駅であるが、当初の東海道線の駅としては存在せず、横浜鉄道の開通時に国鉄線との連絡駅として開業された。また、この付近からは東海道貨物線が枝分かれしながら海岸方面に伸びていた。この付近の東海道(国道15号)沿いには、金蔵寺(院)ほか多数の寺院が存在していた。

神奈川

かながわ

神奈川：開業年▶昭和5（1930）年3月29日　所在地▶横浜市神奈川区青木町1-1　ホーム▶2面2線（地上）　乗降人数▶4,635人　キロ程▶21.5km（品川起点）

「神奈川」は東海道3番目の宿場町。鉄道開業時に神奈川駅が誕生。
京急本線には反町駅、青木橋駅の歴史。昭和31年に現駅名の「神奈川」に。

　東海道3番目の宿場「神奈川」に対応する鉄道駅は、明治5（1872）年7月の新橋～横浜間の鉄道仮開業後に神奈川駅が置かれたが、横浜駅の移転に伴い、昭和3（1928）年10月に廃止された。京急の駅としては、明治38年12月の川崎・（旧）神奈川間の開業時に、反町・（旧）神奈川の2駅が開業し、この両駅が移転、駅名改称をへて、現在の神奈川駅になった形である。

　大正14（1925）年12月、（旧）神奈川駅は（旧）京浜神奈川駅と駅名改称され、昭和4（1929）年6月には、横浜（仮）駅までの延伸が実現した。昭和5年3月には反町駅が廃止、現在の場所に青木橋駅が開業。4月に（旧）京浜神奈川駅が廃止され、青木橋駅を京浜神奈川駅と改称した。この駅が昭和31年4月、駅名をさらに改称し、現在の「神奈川」駅となっている。

　開業当初は京急の横浜側のターミナル駅であった神奈川駅だが、現在は相対式ホーム2面2線を有する地上駅で、橋上駅舎をもつ比較的小規模な駅である。隣りの横浜駅とはわずか0.7kmの至近距離にあり、北西には東急東横線の反町駅があって、乗り換えが可能である。また、第二京浜を挟んだ反対側には曹洞宗の寺院、本覚寺が置かれている。この寺は、幕末の一時期、アメリカ領事館が置かれたこともあり、生麦事件では負傷者が逃げ込んで治療を受けた。

昭和43年（1968） 鉄道の黎明期には、横浜駅の周辺に「神奈川駅」が時代を変えて数か所に存在した。現所在地の駅は、昭和5年に青木橋駅として開業。昭和43年当時の駅舎は、壁面上部の装飾が特徴だった。

撮影：荻原二郎

神奈川駅付近を行く。背後に建つヤクルトの販売センターは、今も同じ場所にある。昭和24年製のデハ420形は昭和40年に形式をデハ400形と変更。同期の車両群ではやや小振りな17メートル級車だ。

撮影：荻原二郎

昭和43年(1968) 本線▶神奈川

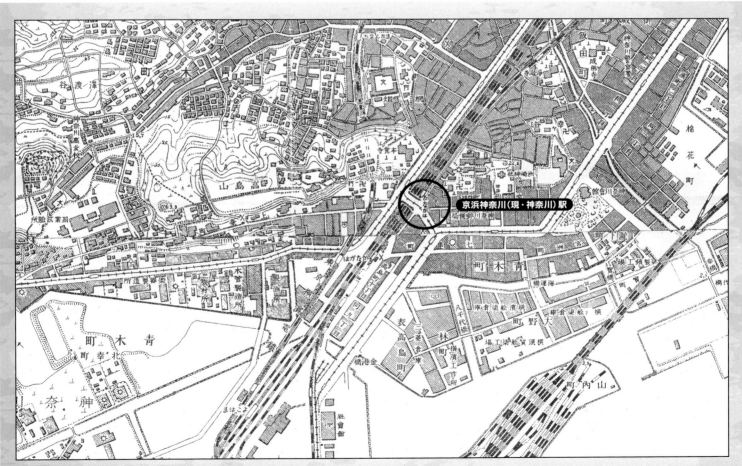

昭和6年（1931）　神奈川周辺

　国鉄の神奈川駅は昭和3年10月に廃止されており、京急本線の神奈川駅だけが見える。また、東京横浜電鉄（現・東急東横線）には、当初の横浜側の起終点駅だった神奈川駅が存在していたが、戦後に廃止されて現在は地下区間になっている。
　神奈川駅の東側には、源頼朝が建久2年に創建したと伝わる洲崎神社（大神）が鎮座し、神奈川郵便局、神奈川会館などが置かれていた。西側には、本覚寺の広い寺域が広がっており、その先は高島山（台）に続いている。一方、地図の南西に見える国鉄の横浜駅は昭和3年10月に移転してきたばかりで、駅周辺はまだ開発が進んでいない。

53

よこはま
横浜

横浜：開業年▶昭和5（1930）年2月22日　所在地▶横浜市西区高島1-16-1　ホーム▶2面2線（地上）　乗降人数▶311,593人　キロ程▶22.2km（品川起点）

新橋～横浜間の鉄道開業時に終着駅「横浜」が誕生。現・横浜駅は三代目。京急本線の横浜駅は昭和5年2月、横浜（仮）駅から延伸して開業した。

現在の横浜駅は、京浜急行ばかりでなく、JR（東海道線・横須賀線・京浜東北線・根岸線・横浜線）、東急東横線、相模鉄道本線、横浜市営地下鉄ブルーライン、横浜高速鉄道みなとみらい線が乗り入れる巨大ターミナルとなっている。京急本線の横浜駅は、JR線の南東（海）側に位置している。

この地に国鉄の横浜駅が移転してきたのは、昭和3（1928）年10月であり、初代の横浜（現・桜木町）駅、二代目横浜駅（廃止）に続く、三代目の駅であった。昭和5年2月、横浜（仮）駅から延伸した京急本線は、待望の国鉄横浜駅乗り入れを果たし、昭和6年12月には日ノ出町駅へ延伸する。当初の駅は、島式1面2線の構造であったが、その後に2面2線、再び島式1面2線に変わり、現在は上下方向別単式ホーム（2面2線）の構造となっている。また、平成20（2008）年に地下1階、地上8階の駅ビルが誕生している。

横浜駅には、東口や西口など多くの出入り口があり、東西を結ぶ自由通路が存在する。東口にはそごう横浜店、西口には高島屋横浜店が店を構えるほか、ルミネ、相鉄ジョイナスといった大型商業施設も店舗を構えている。また、駅の南東には明治4（1871）年設置の神奈川郵便取扱所に起源をもつ、横浜中央郵便局が置かれている。

昭和38年(1963)

横浜駅に停車するクハ358を先頭にした品川行きの3連。電動車デハ230形を中間に連結している。車体の更新化が実施されている時期の撮影で、後ろの2両が現在もお馴染みの赤い車体に白帯を巻いた更新車だ。

撮影：荻原二郎

昭和46年(1971)

昭和52年(1977)

本線▶横浜

横浜駅東口側の京急線改札口付近。「ルミネ」の北寄り、現在の横浜駅「きた東口」に近い場所である。
提供：京急電鉄

柵が設けられた横浜駅のホーム先端部で荷降ろし中の230形2連による荷物列車。職員が手作業で車内から荷物を運び出している。ホーム上には搬出用のエレベーターが見える。
撮影：山田虎雄

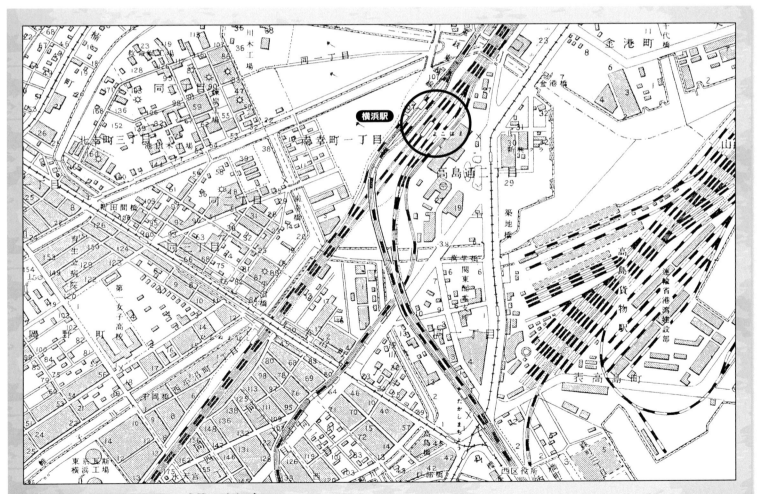

昭和22年(1947) 横浜周辺

　国鉄の横浜駅が移転し、現在の3代目横浜駅が誕生した場所には、京急、東急、相模鉄道の駅が集まり、巨大なターミナル駅が出現した。地図上には北から相模鉄道、国鉄、東急、京急の横浜駅が並ぶ形である。駅の東側には横浜市電が走り、駅前に停留場が置かれているが、現在の西口側では市電の路線は南北に離れた場所を通っていた。東口の南側には現在の横浜中央郵便局を示す「〒」の地図記号が見える。この当時は首都高速道路は開通しておらず、駅を取り囲むような形で水路(川)上に、金港橋、築地橋、萬里橋、南幸橋が架かっている。

昭和42年(1967)　提供：朝日新聞社

中央を走る国鉄の東海道線・根岸線の左下には、始発駅である横浜駅を出た相鉄の列車が見える。その右、国鉄線の上をカーブして右下に進んでゆくのは、現在のみなとみらい線（地下線）に変わる前の東急東横線の線路である。右下に延びる京急本線の横浜駅は、昭和49年に島式1面2線の姿に戻る前の2面2線のホームが中央奥に見える。

昭和47年頃

市電の廃止からまもない横浜駅前の風景。やがて東口の再開発が始まる。

提供:京急電鉄

昭和45年(1970)

高い天井が、良き時代のターミナル駅を彷彿とさせる横浜駅舎内。外観からは3、4階建てに見える駅舎の中央部は、壁面に大きな窓が並び、内部へ存分に陽光が差し込む構造だった。

撮影:高橋義雄

昭和44年(1969)

旧平沼駅付近で県道を跨ぐ。当駅はかつて、京急本線の横浜〜戸部間にあった。昭和6年に京浜電気鉄道の駅として開業したが、太平洋戦争下の昭和18年に営業を休止。翌年11月20日に廃止駅となった。

撮影:荻原二郎

本線 ▼ 横浜

とべ、ひのでちょう、こがねちょう

戸部、日ノ出町、黄金町

戸部：**開業年**▶昭和6(1931)年12月26日　**所在地**▶横浜市西区戸部本町48-11　**ホーム**▶1面2線（高架）　**乗降人数**▶15,333人　**キロ程**▶23.4km（品川起点）
日ノ出町：**開業年**▶昭和6(1931)年12月26日　**所在地**▶横浜市中区日ノ出町1-31　**ホーム**▶2面2線（高架）　**乗降人数**▶26,753人　**キロ程**▶24.8km（品川起点）
黄金町：**開業年**▶昭和5(1930)年4月1日　**所在地**▶横浜市南区白金町1-1　**ホーム**▶1面2線（高架）　**乗降人数**▶21,926人　**キロ程**▶25.6km（品川起点）

昭和6年に日ノ出町駅まで延伸。途中駅として戸部駅が置かれる。日ノ出町駅は湘南電気鉄道との接続駅。黄金町駅は当初、始発駅だった。

　横浜駅付近から南西に延びる国道1号を越えた南側に設置されているのが、戸部駅である。駅の開業は、昭和6(1931)年12月で、日ノ出町駅までの延伸時に中間駅として設置された。駅の構造は、島式ホーム1面2線を有する高架駅となっている。駅の東側には横浜市営地下鉄ブルーラインの高島町駅、北西には相鉄本線の平沼橋駅がある。

　昭和6年12月、横浜から延伸してきた京急本線（京浜電気鉄道）と、黄金町〜日ノ出町間を開通させた湘南電気鉄道の接続駅として開業したのが、日ノ出町駅である。この湘南電気鉄道は昭和16年11月に京浜電気鉄道と合併し、現在の京急の前身となっている。

　「日ノ出町」の駅名は、明治4年に設置された地名（日ノ出町）に由来する。現在の駅の構造は、相対式ホーム2面2線を有する高架駅である。この駅の北東には、JR根岸線の桜木町駅が置かれている。西側には野毛山公園、野毛山動物園がある。また、南西にはJR根岸線の関内駅、横浜市営地下鉄ブルーラインの伊勢佐木長者町駅がある。

　次の黄金町駅は、昭和5年4月に湘南電気鉄道の始発駅として開業した。このときには黄金町〜浦賀間、金沢八景〜湘南逗子間の路線が開業した。現在の駅の構造は、島式ホーム1面2線の高架駅となっている。

昭和43年(1968)

中核駅横浜の南側で国道1号線に面している戸部駅。構内は高架線下で線路と並行している。雨風等に晒されて年輪を経たコンクリート壁が猥雑感を醸し出す、都会のガード下である。
提供：京急電鉄

昭和45年(1970)

駅前には店舗が集まり、繁華街を跨いでいるような日ノ出町駅。横浜市南部の丘陵、野毛山の麓にあり、ホームは開業当初から高架部分に設置された。駅前の平戸桜木道路を北進すると、桜木町駅に至る。
撮影：荻原二郎

昭和45年(1970)

日ノ出町駅に入線する4扉を備える700系の上り列車。当駅まで大岡川沿いに進んで来た列車は、駅を出てすぐに老松町内の丘陵地をトンネルで潜り、横浜駅のある市の中心部へ進んで行く。
撮影：荻原二郎

黄金町駅を俯瞰で望む。ホームの両端部に上屋が被さっていない様子は現在も同じ。但し、駅の出入り口は浦賀方へ移設されている。平成11年まで設定のあった急行が停車したため、ホームは8両分の有効長がある。

昭和53年（1978）

提供：京急電鉄

本線▼戸部、日ノ出町、黄金町

昭和31年（1956）

撮影：江本廣一

ホームの横浜方には野毛山の丘を貫くトンネルが迫り、駅前の喧騒とは対照的な山間部の雰囲気さえ漂う日ノ出町駅。浦賀行きの急行がトンネルから顔を出した。

昭和23年（1948）

戸部、日ノ出町、黄金町周辺

　地図の北西、石崎川に架かる平戸橋の南西には京急本線の戸部駅が置かれており、その先は地下区間となって、野毛山公園の下を通ってゆく。地上に出た部分には、日ノ出町駅があり、その先は大岡川の北側を走りながら、次の黄金町駅に至るが、この当時は「京浜急行電鉄湘南線」と記されている。

　野毛山公園の東側には、横浜市役所、市図書館（現・横浜市中央図書館）、市会議所があったが、市役所は現在、関内駅付近に移転している。また、日本最初の浄水場とされる水道局浄水場（野毛山排水池）も存在した。地図中央東側、伊勢佐木町、長者町付近には映画館が多数存在していた。

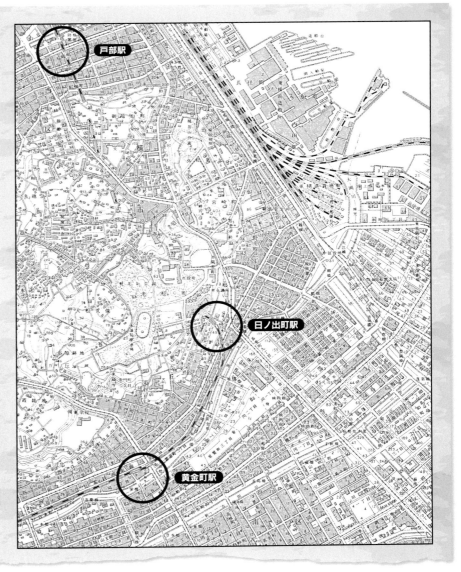

みなみおおた、いどがや、ぐみょうじ

南太田、井土ヶ谷、弘明寺

南太田：開業年▶昭和5（1930）年4月1日　所在地▶横浜市南区南太田1-25-1　ホーム▶2面4線（高架）　乗降人数▶16,974人　キロ程▶26.5km（品川起点）
井土ヶ谷：開業年▶昭和5（1930）年4月1日　所在地▶横浜市南区井土ヶ谷中町161　ホーム▶2面2線（地上）　乗降人数▶27,703人　キロ程▶27.7km（品川起点）
弘明寺：開業年▶昭和5（1930）年4月1日　所在地▶横浜市南区弘明寺町山下267　ホーム▶2面2線（地上）　乗降人数▶29,494人　キロ程▶29.1km（品川起点）

昭和5年4月の湘南電気鉄道開業時に南太田、井土ヶ谷、弘明寺駅が誕生 古くは久良岐郡太田村があった南太田、真言宗の名刹の最寄り駅、弘明寺。

　この付近の京急本線は、大岡川に沿って進んでゆく。次の南太田駅は、昭和5（1930）年4月の開業である。この付近には久良岐郡太田村があり、関内地区にも太田町が存在したため、後に南太田町となり、この駅の名称に選ばれている。駅の構造は、通過線を含む相対式ホーム2面4線を有する高架駅である。

　次の井土ヶ谷駅は、京急本線が環状1号を越えた場所に置かれている。駅の南側には、環状1号と県道218号（平戸桜木道路）が交わる井土ヶ谷交差点が存在する。井土ヶ谷駅の開業は、南太田駅と同じ昭和5年4月である。駅の構造は、相対式ホーム2面2線を有する地上駅である。

　弘明寺駅は、真言宗高野山派の寺院、弘明寺の最寄り駅であり、駅名もこの寺院に由来している。京急の弘明寺駅は昭和5年4月、当時の湘南電気鉄道の駅として開業している。開業から、弘明寺を模した社寺風の駅舎を使用してきたが、昭和59（1984）年12月に現在のような橋上駅舎に変わった。駅の構造は相対式ホーム2面2線をもつ地上駅である。この寺と大岡川を挟んだ東側には、昭和47年12月に横浜市営地下鉄ブルーラインの弘明寺駅が誕生している。こちらの駅は横浜市電の弘明寺電停に由来し、鎌倉街道（県道21号）下に位置するため、乗り換えには適さない。

昭和53年（1978）
提供：京急電鉄
昭和30年に改築された駅舎。木造の細い柱が上屋を支える構造は、駅前から構内の様子が垣間見られ、現在の施設よりも開放的に見える。駅舎とホームは地下通路で連絡している。

昭和31年（1956）
撮影：荻原二郎
南太田駅の下りホームから捉えた420形2連の品川行き。京浜急行成立後、初めての新製車両は昭和24年の製造。ホームの背景にある森は、線路に隣接する常照寺の境内で、本殿へは駅の北側から参道が延びる。

昭和40年（1965）
撮影：荻原二郎
井土ケ谷駅の下りホームから、品川行き急行を列車の後方から望む。デハ500形の1番車は4両編成化されて二次車に準じた更新化を受けた後の姿。背景の緑は清水ケ丘で、当時は横浜国立大学のキャンパスがあった。

昭和53年(1978) 提供:京急電鉄

線路が環状1号道路を跨いだ先の築堤上にホームがあり、駅舎は地上部に建てられている井土ヶ谷駅。平成22年にレンガ調の外壁を持つ現在の駅舎に建て替えられたが、構内の施設配置は変わらない。

昭和41年(1966) 撮影:荻原二郎

隣接する真言宗の寺院、弘明寺に似せた寺院建築風の旧駅舎が、濃い緑を湛える境内近くに建つ。内部には寺の形をした吊り灯篭が飾られ、由緒ある寺の最寄り駅であることをアピールしている。

本線▶南太田、井土ヶ谷、弘明寺

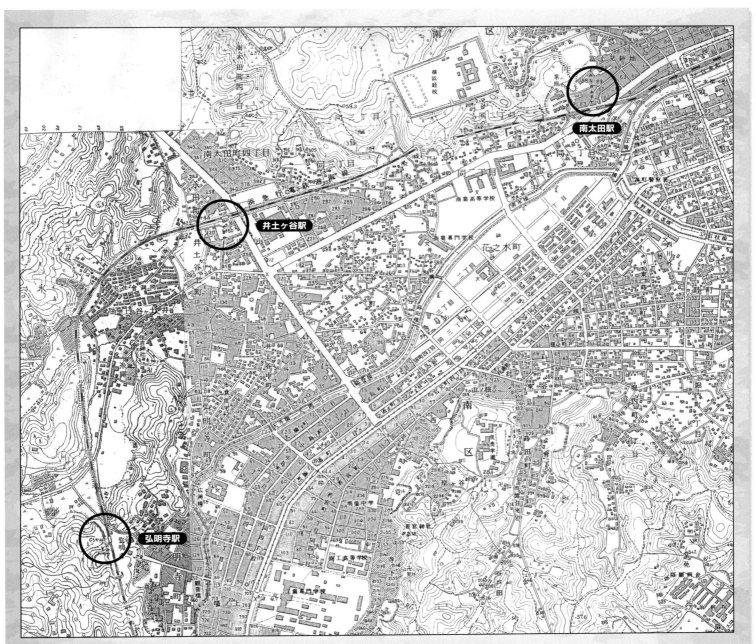

昭和23年(1948) 南太田、井土ヶ谷、弘明寺周辺

　平戸桜木道路(県道218号)に沿うようにして走る京急本線(京浜急行電鉄湘南線)には、南太田、井土ヶ谷、弘明寺の駅が置かれている。南太田駅の北西には、日蓮宗の寺院、西中山常照寺があり、その先には横浜経校(現・横浜清陵総合高校)の校舎が見える。現在はさらにその西側に、清水ヶ丘公園が開かれ、プール、テニスコート、体育館などができている。
　井土ヶ谷駅の東側には、環状1号が通り、南側は大岡川の先、通町1丁目交差点まで延びている。弘明寺駅の東側には、商工高等学校、工業専門学校の校地が見えており、現在は横浜総合高校、横浜国立大学付属横浜中学校になっている。

かみおおおか
上大岡

上大岡：開業年▶昭和5（1930）年4月1日　所在地▶横浜市港南区上大岡西1-6-1　ホーム▶2面4線（高架）　乗降人数▶141,288人　キロ程▶30.8km（品川起点）

上大岡駅は沿線主要駅のひとつ、横浜市営地下鉄ブルーラインとの接続駅。再開発で新駅ビル「ゆめおおおか」のほか、「カミオ」「ミオカ」も誕生。

　上大岡駅は、横浜市営地下鉄ブルーラインとの接続駅であり、横浜南部地域で最大級のバスターミナルをもつ、京急本線の主要駅のひとつである。駅の開業は湘南電気鉄道時代の昭和5（1930）年4月であり、地下鉄駅は昭和47（1972）年12月に開業している。

　駅の所在地は港南区上大岡だが、江戸時代には上大岡村が存在し、明治22（1889）年に合併により大岡川村が誕生。昭和2年に横浜市に編入されてからは、中区の時代が長く続き、昭和44年に港南区が新設された。

　京急の上大岡駅の構造は、島式ホーム2面4線を有する高架駅である。昭和38年4月に旧駅ビル（京浜百貨店）が竣工、平成8（1996）年10月、新駅ビル「ゆめおおおか」に変わり、京急百貨店とウイング上大岡がオープンした。一方、地下鉄の上大岡駅は島式1面2線のホームをもつ地下駅である。

　上大岡駅周辺では平成時代に入ると横浜市の副都心として、市街地再開発事業が行われ、駅前は大いに発展している。駅ビルの「ゆめおおおか」とともに、「camio（カミオ）」や「mioka（ミオカ）」などの複合施設が誕生。港南区が策定した、都市計画マスタープランなどに基づき、周辺のバリアフリー化も進められている。

昭和45年（1970）　向かい側のホームで特急を待つ通勤客を見て、下りホームに停車中の海水浴特急「逗子号」。地下鉄乗り入れ対応車の京成3200形が運用に就く。正面扉の幅一杯を占めるヘッドマークが目を惹く。

撮影：山田虎雄

本線 ▶ 上大岡

駅周辺が横浜市で生活拠点地域の一つに指定されている上大岡。昭和47年には地下鉄の駅が隣接して開業し、駅前の県道沿いを中心に商業、遊戯施設等が立ち並ぶ、活気ある街へと成長していった。

昭和49年(1974)
提供：京急電鉄

昭和38年(1963)
駅ビルの竣工で開店した京浜百貨店の上大岡店。オープニングセールではたくさんの人が列を成して入口付近に並んだ。鉄道駅と直結した集客力の高い商業施設が、横浜の近郊に誕生した。
提供：京急電鉄

昭和42年(1967)
上大岡駅のホームに停車する2代目700形の浦賀行き普通。京急初の4扉車は、横浜周辺等の乗降客が多い駅が続く区間で、停車時間を短縮した効率の良い運転を狙って投入された。
撮影：山田虎雄

昭和23年(1948)
上大岡周辺

　大岡川を左右に見ながら南下してきた湘南電気鉄道（現・京急本線）に、上大岡駅が置かれている。現在は、横浜の副都心となり、横浜市営地下鉄ブルーラインの上大岡駅が誕生しているが、この当時の駅周辺は、まだそれほど開けてはいなかった。
　駅の北側、弘明寺駅との中間付近の東側には、大岡（現・横浜大岡）郵便局と大岡警察署（移転し、現在は港南警察署）が置かれている。上大岡駅の東側、押越地区には、曹洞宗の寺院、二楽山西福寺が存在する。少し離れた南東には、上大岡墓地があり、現在その先には、広大な久良岐公園が開園している。

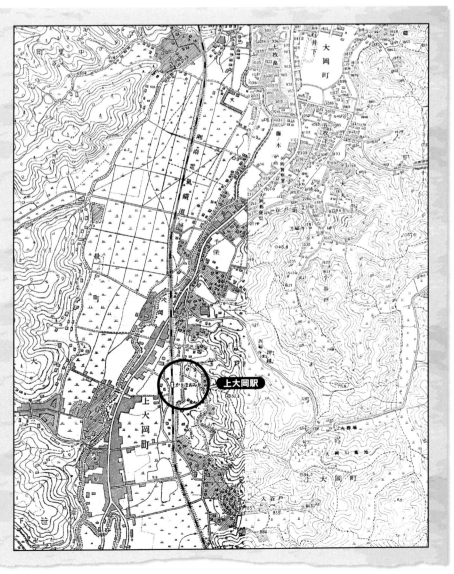

屏風浦、杉田、京急富岡

びょうぶがうら、すぎた、けいきゅうとみおか

屏風浦：開業年▶昭和5（1930）年4月1日　　所在地▶横浜市磯子区森3-18-6　　ホーム▶2面2線（高架）　乗降人数▶17,301人　キロ程▶33.0km（品川起点）
杉田：開業年▶昭和5（1930）年7月10日　　所在地▶横浜市磯子区杉田2-1-9　　ホーム▶2面2線（地上）　乗降人数▶34,046人　キロ程▶34.3km（品川起点）
京急富岡：開業年▶昭和5（1930）年7月10日　所在地▶横浜市金沢区富岡西7-1-1　ホーム▶2面3線（高架）　乗降人数▶23,494人　キロ程▶36.7km（品川起点）

屏風浦駅は昭和5年4月の湘南電気鉄道の開通時に開業している。
杉田駅と京急富岡駅は仮駅での開業。京急富岡駅は夏季の海水浴客用から。

　横浜駅を出てからは、山側を走ってきた京急本線は、再び海岸近くに出て、JR根岸線、首都高速湾岸線に近い場所に屏風浦駅が置かれている。駅の開業は昭和5（1930）年4月であり、駅の構造は相対式2面2線のホームをもつ高架駅である。

　次の杉田駅は、湘南電気鉄道の開通時には存在せず、開業から3か月後に仮駅として開業。昭和6年5月に駅に昇格した。駅の構造は、相対式ホーム2面2線を有する地上駅で、昭和45（1970）年に橋上駅舎が誕生した。また、平成5（1993）年4月に駅ビル「プララ杉田」がオープンしている。

　この杉田駅の北東には、JR根岸線の新杉田駅が置かれている。こちらは根岸線の延伸時の昭和45年3月の開業で、京急の杉田駅の存在とともに福島県の東北本線に杉田駅があったため、「新杉田」を名乗った歴史がある。この杉田地区は、江戸時代から梅の名所として知られた場所であり、現在も杉田梅林ふれあい公園などが残されている。

　京急富岡駅は、昭和5年7月に夏季の海水浴客用の仮駅として誕生した、湘南富岡駅がルーツである。昭和6年5月に正式な駅に昇格し、一時は休止されていた時期もあったが、昭和30年12月に現在地に移転し、昭和38年11月に京浜富岡駅に駅名を改称。昭和62年6月に現在の駅名となった。駅の構造は、単式1面1線、島式1面2線のホームをもつ高架駅である。

昭和39年（1964）

昭和39年に建て替えられた屏風浦駅舎。平成3年に竣工した現駅舎に比べて、質実剛健な設えとなっているように映る。背景の建物は、築堤上に造られたホームに連絡する階段とホーム上屋。
撮影：荻原二郎

昭和29年（1954）

6両編成の海水浴列車が、ヘッドマークを掲げてやって来た。新鋭500形は当初2両1組で組成され、この列車は同系車3組を連ねて1本の列車に仕立てている。
撮影：江本廣一

昭和45年（1970）

屏風浦駅付近を走る快速特急。現在の線路周辺は、屏風ヶ浦バイパス等の高規格道路が整備されている。しかし、背景に写る丘の上に立つアパート等の位置は大きく変わっていない。
撮影：荻原二郎

昭和45年（1970）

年末にもかかわらず、閑散とした雰囲気を湛える杉田駅に通過中の上り特急。写真は橋上駅化された年の撮影で、ホーム両側の階段が改札口へと続いている。平成5年に駅ビル「プララ杉田」が開業した。
撮影：荻原二郎

昭和42年(1967)

地上駅舎時代晩年の京急杉田（現・杉田）駅。切妻屋根の駅舎内部には、ラッチやホーム上屋に木が使われている。正面には売店等の運営を行う共栄会の新聞等販売用の箱が置かれている。

本線 ▶ 屏風浦、杉田、京急富岡

昭和45年(1970)

太平洋戦争下の爆撃で営業休止を余儀なくされた湘南富岡駅。廃止・移転を経てGHQ専用駅化した。さらに現在地への再移転と、流転の経緯をもつ駅は、昭和38年に京浜富岡駅と改称された。

昭和35年 (1960)

屏風浦、杉田、京急富岡周辺

　京急本線には屏風浦、杉田、湘南富岡（現・京急富岡）の各駅が置かれている。この当時の海岸線は京急本線と近い位置にあるが、現在は埋め立てにより、かなり東側に移っている。昭和5年に夏季の海水浴客用の仮駅として開業した湘南富岡駅は、美しい海岸を控える場所に位置していた。この駅の南側、線路沿いには甲子園出場の常連校だった高校野球の名門、横浜高校が存在する。
　一方、当時の北側の海岸線沿いを通って南下する形になる国鉄根岸線はまだ開通しておらず、新杉田駅は開業していない。杉田駅の南東には梅の名所としても有名だった日蓮宗の寺院、妙法寺がある。現在、杉田駅の北東の埋立地には、IHI横浜事業所横浜工場などが誕生している。地図の東側を走る道路は、国道16号（横須賀街道）である。

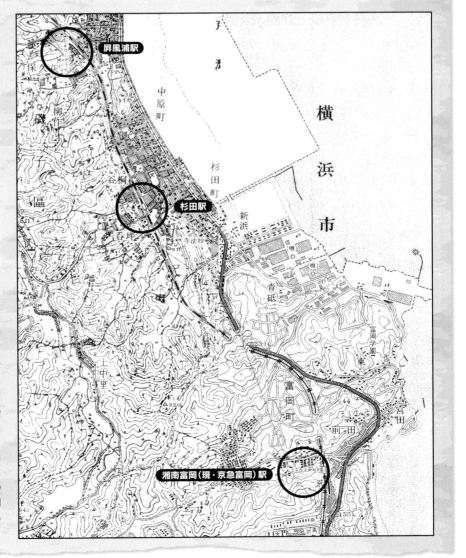

のうけんだい、かなざわぶんこ

能見台、金沢文庫

能見台：開業年▶昭和19(1944)年5月10日　所在地▶横浜市金沢区能見台通2-1　ホーム▶2面2線（地上）　乗降人数▶31,093人　キロ程▶37.4km（品川起点）
金沢文庫：開業年▶昭和5(1930)年4月1日　所在地▶横浜市金沢区谷津町384　ホーム▶2面4線（地上）　乗降人数▶69,368人　キロ程▶39.5km（品川起点）

能見台駅の開業は昭和19年。軍需工場の最寄り駅「谷津坂」だった。
金沢文庫駅は北条実時ゆかりの称名寺設置の「金沢文庫」に由来。

　この能見台駅と隣の京急富岡駅との距離はわずか0.7km。一方で、金沢文庫駅との距離は2.1kmとなっている。この差が生じた理由は、能見台がこの区間の開通時（昭和5年）には存在せず、太平洋戦争中の昭和19（1944）年5月、軍需工場（大日本兵器産業富岡工場）の最寄り駅として開業したことによる。当初の駅名は「谷津坂」であり、昭和44（1969）年に現在地に移転し、昭和57年12月に現在の「能見台」に駅名を改称した。

　この駅の構造は相対式ホーム2面2線を有する地上駅で、橋上駅舎をもつ。戦後の一時期には、利用者が激減したことがあったが、富岡、能見台地区で住宅開発が行われたことで、再び活気のあふれる駅となっている。

　金沢文庫駅は、駅の南側に京急の車両基地である金沢検車区があるため、この駅を始発・終着とする列車が多数存在している。駅の開業は昭和5年4月で、このときには杉田、京急富岡、能見台駅は存在せず、隣駅は屏風浦駅だった。

　駅の構造は島式ホーム2面4線をもつ地上駅で、橋上駅舎を有している。駅名の「金沢文庫」は、北条実時が建立した称名寺に設けられた「文庫」（書庫、図書館）に由来し、現在は「神奈川県立金沢文庫」として復興している。

昭和42年(1967)

太平洋戦争末期に軍需工場の最寄り駅として開設された谷津坂駅。昭和44年に現在地へ移転。能見台駅として開業した。立て看板で催し物等を告知するスタイルに、おおらかだった時代性が垣間見える。

提供：京急電鉄

昭和42年(1967)

昭和55年に橋上駅舎化される前の金沢文庫駅。鎌倉時代に建てられた私設図書館の金沢文庫を意識してか、寺院建築風の屋根が奢られている。なお、金沢の本来の読みは「かねざわ」だが当駅は「かなざわ」と発音する。

撮影：荻原二郎

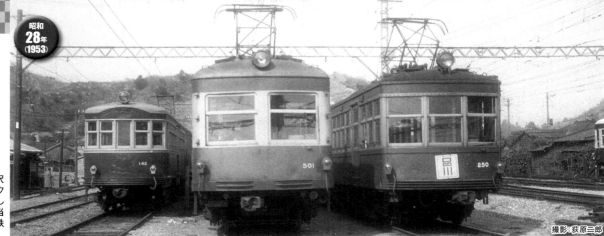

金沢文庫駅に隣接する現在の金沢検車区に集う車両。大正生まれのクハ142は大師線等で晩年を過ごした。デハ501は昭和26年の製造で当時の主力。その右側は京浜電気鉄道時代からの古豪デハ250である。

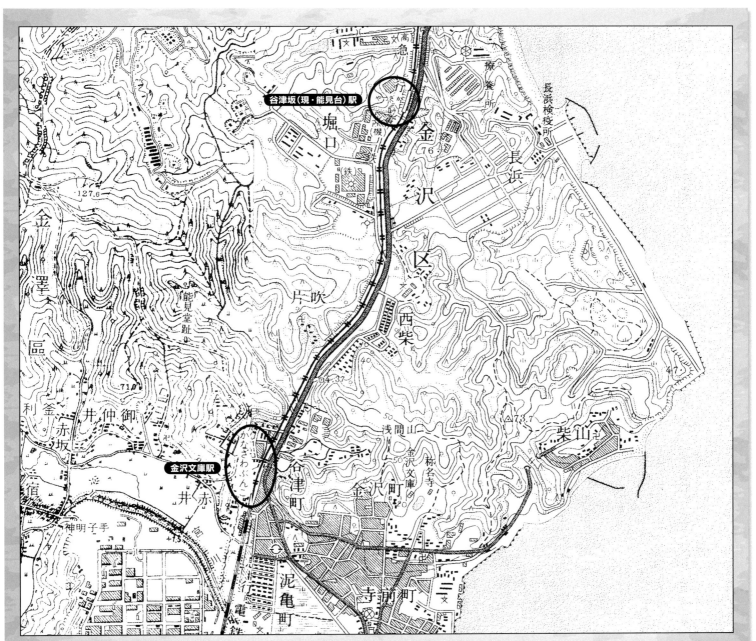

昭和23年（1948） 能見台、金沢文庫周辺

横浜高校の東側を南下してきた京急本線には谷津坂駅が置かれている。この駅は昭和44年に現在地に移転し、昭和57年に能見台駅と駅名を改称した。現在、この南側には京急本線を横切る形で、横浜横須賀道路が走っている。金沢文庫駅との中間付近の西側には「能見堂趾」の文字が見え、金沢八景ゆかりの場所として江戸時代に有名になった。

金沢文庫駅の東側には名刹・称名寺、金沢文庫があり、その門前町（寺前町）が広がっている。現在はこの東側が埋め立てられて金沢シーサイドラインが通り、海の公園南口、八景島駅などが置かれている。金沢文庫駅の南側に見える「文」の地図記号は、横浜市立八景小学校である。

かなざわはっけい
金沢八景

金沢八景：開業年▶昭和5(1930)年4月1日　所在地▶横浜市金沢区瀬戸15-1　ホーム▶2面4線(地上)　乗降人数▶55,971人　キロ程▶40.9km（品川起点）

京急本線と逗子線が分岐する金沢八景駅。金沢シーサイドラインとも連絡。京急の駅は昭和5年4月、金沢シーサイドライン駅は平成元年7月の開業。

　金沢八景駅は、京急本線と逗子線の分岐点であり、横浜シーサイドライン（横浜新都市交通）金沢シーサイドラインとの連絡駅となっている。駅の開業は、湘南電気鉄道時代の昭和5年4月であり、平成元(1989)年7月に金沢シーサイドラインの金沢八景駅が誕生した。京急の金沢八景駅の構造は、島式2面4線のホームを有する地上駅である。

　「金沢八景」の駅名は、江戸時代にこの駅周辺の景勝地8つが、中国の「瀟湘八景」に見立てて選ばれたことに由来する。浮世絵師の歌川広重らが名所絵として描き、広く知られるようになった。

　八景の内容は「小泉夜雨」「称名晩鐘」「乙舳帰帆」「洲崎晴嵐」「瀬戸秋月」「平潟落雁」「野島夕照」「内川暮雪」である。現在は、駅の南東に関東学院大学のキャンパスが誕生している。

　金沢シーサイドラインの金沢八景駅は、京急駅の東側に位置する高架駅で、単式1面1線のホームをもつ。当初は京急駅に隣接する位置まで延伸する予定だったが、駅周辺の再開発計画の遅れなどで実現せず、開業以来20年以上が経過した現在でも、仮設駅のままとなっている。この金沢シーサイドラインは全線が複線化されているものの、この駅の構内だけが単線である。

昭和40年(1965)

逗子線が分岐する金沢八景駅のホームは低い高架上にあり、その直下に改札口等の構内施設がまとめられている。昭和40年当時。構内東側からの眺めは現在と大差なく、西側には笠森稲荷神社の森が迫っている。駅前ロータリー等の整備工事が現在始められており、シーサイドラインの駅舎も隣接される。

提供：京急電鉄

本線▶金沢八景

昭和45年（1970）

浦賀行きの急行。デハ505は500形の初期製造グループに属するが、前面窓は固定式の1枚モノに改造されている。現在はホーム全体を被う上屋は、昭和37年当時は屋根型の古風な設えだった。

昭和37年（1962）

逗子線の列車が停車する4番ホームの隣から本線の上り特急が発車して行く。1000形全盛の頃。背景の建物は湘南電気鉄道として開業以来、今日まで同じ場所にある瀬戸変電所の施設だ。

撮影：荻原二郎

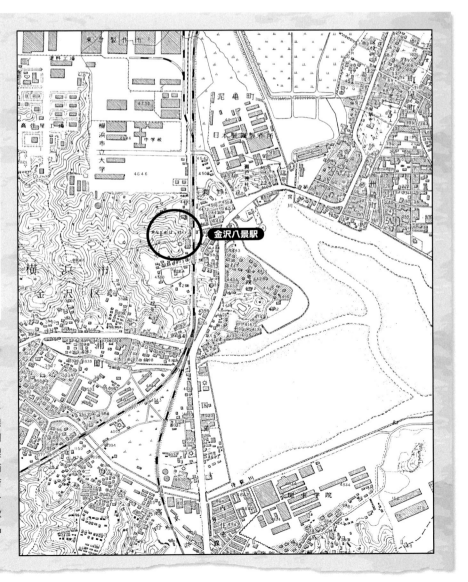

昭和25年（1950） 金沢八景周辺

既に横浜市立大学、関東学院（大学）のキャンパスが誕生している、昭和25年の金沢八景駅周辺の地図である。京急本線の金沢八景駅の東から延びる、シーサイドラインは、まだ開通していない。地図の北側にある東急製作所は、東急車両製造に社名変更した後、現在はJR東日本の関連会社「総合車両製作所」となっている。また、日本製鋼製作所の跡地は、保育園や公園、イオン（ダイエー）金沢八景店に変わっている。その南側に鎮座する瀬戸神社は「金沢八景」のひとつ、「瀬戸秋月」で知られる景勝地で、周辺にも「金沢八景」ゆかりの地名が見える。

むつうら、じんむじ
六浦、神武寺

六浦：開業年▶昭和24（1949）年3月1日　所在地▶横浜市金沢区六浦5-1-1　ホーム▶2面2線（地上）　乗降人数▶16,182人　キロ程▶1.3km（金沢八景起点）
神武寺：開業年▶昭和6（1931）年4月1日　所在地▶逗子市池子2-11-2　ホーム▶2面2線（地上）　乗降人数▶6,560人　キロ程▶4.1km（金沢八景起点）

六浦駅は太平洋戦争中に海軍関係者に設置された六浦荘仮駅がルーツ。神武寺駅にはアメリカ軍池子住宅敷地内に関係者専用の改札口。

　金沢八景駅から分岐して、南西に延びる逗子線には、終点の新逗子駅までの間に六浦、神武寺の2駅が置かれている。この両駅は昭和5（1930）年4月の湘南電気鉄道の開通時には設置されていなかった中間駅である。

　六浦駅は昭和18年2月、海軍関係者専用の駅として開設された、六浦荘仮駅がルーツである。この駅は現在の六浦駅より500mほど神武寺駅側にあり、昭和24（1949）年3月、現在地に移転し、六浦駅と駅名を改称した。現在の駅の構造は相対式ホーム2面2線を有する地上駅で、昭和45年7月に橋上駅舎が完成している。

　次の神武寺駅からは、逗子市内となる。駅の開業は昭和6年4月に仮駅として開業。昭和11年6月に駅に昇格した。昭和19年9月に当初の位置より300m、新逗子駅寄りの現在地に移転している。駅の構造は相対式ホーム2面2線を有する地上駅であり、平成19（2007）年3月に現在の駅舎が誕生している。この駅には、アメリカ軍池子住宅敷地内に関係者専用の改札口（米海軍口）が設けられている。

　神武寺駅の北側からは、金沢八景駅から横須賀線逗子駅に続く、総合車両製作所専用線（車両工場で製造した車両等を出荷するための路線）が分岐している。

横浜市内で最も南に位置する鉄道駅、逗子線の六浦に停車する300形の逗子行き。両運転台を備えた3扉の18メートル車が、赤い車体に白帯を巻く仕様は、片運転台化が実施される直前の姿。

橋上駅舎に建て替えられた六浦駅。構内は小ぢんまりとまとまった雰囲気である。ホームの近くまで家屋が迫っている。区画整理された住宅街の中にある駅だ。

六浦駅舎はホームが地上のままで昭和45年に橋上化された。上り線は総合車両製作所（旧新東急車両）から、横須賀線逗子駅までの車両回送に使われるため、軌間1435、1067ミリが同居する三線軌条になっている。

構内の西側に米軍池子住宅が広がる逗子線の神武寺駅。平成20年には、住宅敷地内に関係者専用の改札口が設けられた。写真の木造駅舎は、建て替え工事で仮駅舎が営業を始めた、平成18年まで使用された。

撮影：山田虎雄

手書きの駅名票が建つ逗子線神武寺駅。後ろにある木造電車は京浜電気鉄道1号形電車を大幅に改造した101号形。昭和初期に廃車後もいくつかの駅に留置され、昭和末期まで久里浜工場に姿を留めていた。

撮影：荻原二郎

逗子線 ▶ 六浦、神武寺

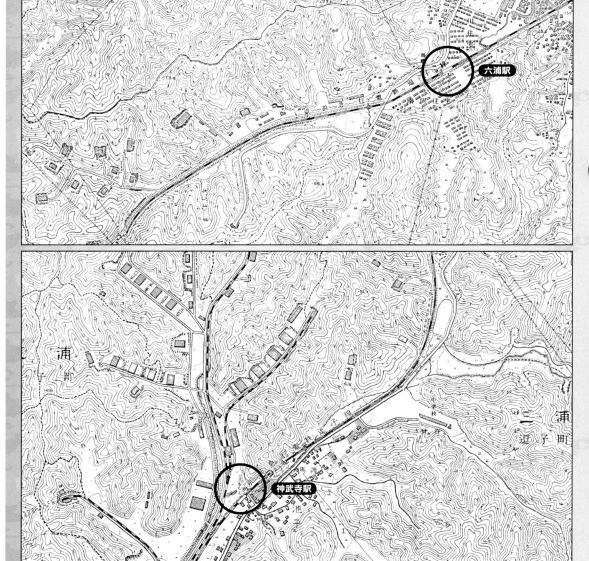

昭和29年（1954）

六浦、神武寺周辺

江戸時代までの六浦は江戸（東京）湾の湊町で、交通の要所であったが、その機能はやがて衰えて寒村となり、明治時代には六浦荘村が置かれていた。その後は、横須賀軍港の発展により、海軍施設や住宅が開かれた場所である。金沢八景駅を出た京浜急行の逗子線は、南東に進み、下流で平潟湾に注ぐ侍従川を渡る。県道205号と接近する内陸部に、六浦駅は置かれており、駅周辺には規則的に配置された住宅が並んでいる。この当時は、駅から離れた場所では開発が進んでいなかったが、現在はUR都市機構六浦台団地やマンションが誕生している。神武寺駅の周辺にも同様の住宅が見え、駅の北東には逗子中学校があり、県立逗子高校も移転してきている。

しんずし
新逗子

新逗子：開業年▶昭和60（1985）年3月2日　所在地▶逗子市逗子5-1-6　ホーム▶1面1線（地上）　乗降人数▶23,857人　キロ程▶5.9km（金沢八景起点）

京急逗子線の終着駅・新逗子は、JR横須賀線の逗子駅と近い場所に。湘南逗子駅の時代には、葉山口と沼間口の2駅に分かれていた歴史も。

　京急逗子線の終着駅であり、横須賀線の逗子駅との最寄駅となっているのが、この新逗子駅である。この駅は昭和5（1930）年4月の開業以来、移転と駅名改称を繰り返した歴史をもつ。

　昭和5年4月の開業時の駅名は「湘南逗子」であり、現在地よりも200mほど神武寺駅寄りにあった。昭和6年、路線を400m延伸して「湘南逗子駅葉山口」を開設、従来の駅は「湘南逗子駅沼間口」となったが、昭和17年9月に延伸部分が廃止され、葉山口は閉鎖。元の「湘南逗子」駅に戻った。

　戦後の昭和23（1948）年7月、再び路線延長の形で葉山口が復活し、逗子海岸駅として再開された。昭和38年には湘南逗子駅から京浜逗子駅に改称。昭和60年3月、輸送力増強のため、両駅の中間地点に現在の「新逗子」駅が誕生した。駅の構造は、単式ホーム1面1線の地上駅で、改札口は旧2駅を利用した北口、南口の2か所が存在する。駅前（西側）には逗子市役所が置かれており、田越川を越えた東側には、逗子市立逗子小学校や逗子市立図書館がある。

　この駅の北西側には、JR横須賀線の逗子駅が置かれている。こちらは、明治22（1889）年6月、官設鉄道の大船～横須賀間の開通時に誕生している。

昭和37年（1962）

逗子線の終点付近では、数百メートルの区間にある二つの駅が分離統合を繰り返した「湘南逗子駅」は昭和37年の撮影で、翌年に「京浜逗子駅」と改称。昭和60年に「逗子海岸駅」と統合して「新逗子駅」になった。

撮影：荻原二郎

逗子線 ▶ 新逗子

撮影：荻原二郎

湘南逗子（現・新逗子）駅に停車するデハ230形とクハ350形2連の逗子線内区間列車。クハ350形は太平洋戦争後の占領下で進駐軍専用列車に充当されていた。写真は昭和31年の撮影で、一般運用に就いた姿。

撮影：山田虎雄

改札口付近に駅改良工事の実施を知らせる立て看板が設置された逗子海岸駅。自動券売機が設置されているものの、やや古風なラッチが健在で、その中には職員の姿もみえる。駅施設も過渡期の時代だった。

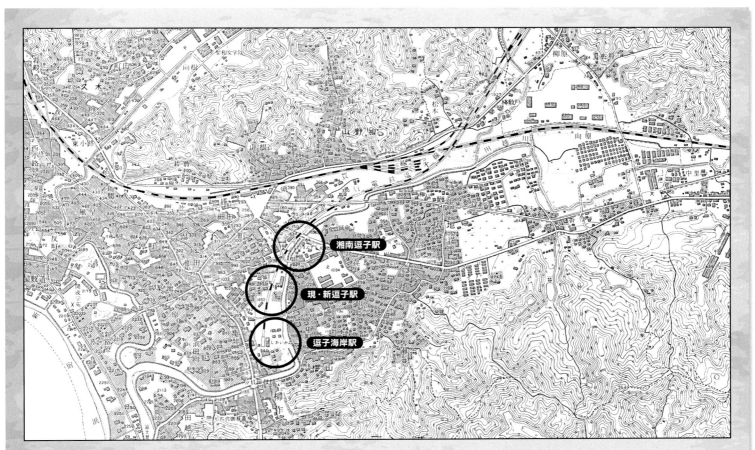

昭和29年（1954） 新逗子周辺

　三浦半島の付け根を横切ってきた京浜急行逗子線は、西海岸に近い湘南逗子、逗子海岸（現・新逗子）駅まで延伸している（両駅は昭和60年に統合）。この北側には、国鉄の横須賀線が通っており、逗子駅が置かれている。

　この当時は横須賀市から分離、独立した逗子町の時代で、昭和29年4月に逗子市になっている。地図上の湘南逗子駅付近には、逗子町役場（市役所）が存在している。湘南逗子駅の東側には逗子市立逗子小学校があり、現在は隣接して逗子市立図書館が存在している。田越川の南に見える「六代御前墓」は、平清盛のひ孫にあたる人物の墓である。

おっぱま、けいきゅうたうら、あんじんづか

追浜、京急田浦、安針塚

追浜：開業年▶昭和5（1930）年4月1日　所在地▶横須賀市追浜町3-3　ホーム▶2面2線（地上）　乗降人数▶40,139人　キロ程▶42.8km（品川起点）
京急田浦：開業年▶昭和5（1930）年4月1日　所在地▶横須賀市船越町5-2　ホーム▶2面2線（高架）　乗降人数▶13,219人　キロ程▶44.5km（品川起点）
安針塚：開業年▶昭和9（1934）年10月1日　所在地▶横須賀市長浦町2-32　ホーム▶2面2線（高架）　乗降人数▶4,856人　キロ程▶47.1km（品川起点）

追浜には海軍航空隊の基地があった。安針塚の駅名は三浦按針に由来。
追浜駅と京急田浦駅は昭和5年4月の開業。安針塚駅の開業時は「軍需部前」。

　横浜市内を走ってきた京急本線は、最後の金沢区を出て、横須賀市に入り、最初の駅が「追浜」駅となる。この駅は、横須賀市内で最北端の駅である。

　「追浜」はもともと浦郷村の東のはずれにあった浜で、大正5（1916）年に海軍航空隊の基地ができて広く知られるようになった。また、この地には夏島貝塚や雷神社が残り、歴史の古い土地でもある。駅の開業は昭和5（1930）年4月。駅の構造は相対式ホーム2面2線、橋上駅舎を有する地上駅である。

　次の京急田浦駅は、追浜駅と同じ昭和5年4月の開業である。この駅の南東側には、JR横須賀線の田浦駅があるものの1.5km離れており、乗り換えには適さない。この田浦駅は明治37（1905）年5月の開業である。

　京急田浦駅は開業当時「湘南田浦」の駅名で、昭和38（1963）年11月に「京浜田浦」となり、昭和62年6月に現在の駅名である「京急田浦」となった。駅の構造は相対式ホーム2面2線をもつ、盛土上の高架駅である。

　安針塚駅は昭和9年10月に軍需部前駅として開業したが、機密保持の理由から昭和15年10月に「安針塚」駅に駅名を改称した。この「安針」とは、徳川家康に仕えた英国人、ウィリアム・アダムスの日本名、三浦按針に由来している。

昭和41年（1966）

特徴的な駅名は、鎌倉時代に謀反の疑いで修善寺に流されていた源範頼が、嫌疑を晴らすため、幕府の追っ手を当地で追い返したとの言い伝えに因んだ地名に由来する。

撮影：荻原二郎

本線▶追浜、京急田浦、安針塚

昭和41年(1966)

駅前を横須賀街道が通り、海上自衛隊艦隊司令部の最寄りである京浜田浦(現・京急田浦)駅。所在地の横須賀市船越町は長浦湾に面した港町だ。駅には白い制服に身を包んだ海上自衛官と思しき人影が見える。

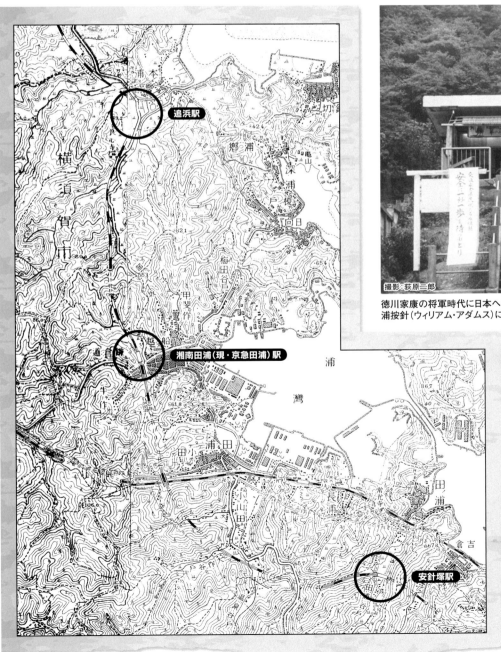

昭和41年(1966)

徳川家康の将軍時代に日本へ漂着し、後に日本とイギリス、オランダの外交貿易に尽力した三浦按針(ウィリアム・アダムス)に因んだもの。駅の近くに按針夫妻の墓を祀った公園がある。

昭和25年(1950)

追浜、京急田浦、安針塚周辺

京急本線には、北から追浜、京急田浦、安針塚の駅が置かれており、国鉄の横須賀線には、田浦駅がある。京急線と国鉄線は、地図中央やや下の「田浦」の文字付近で交差しており、両線の田浦駅は北側、東側のかなり離れた場所にある。京急田浦駅付近からは、「鎌倉道」と呼ばれる県道24号が西方向に延びている。

「本浦」の文字がある付近に置かれている追浜駅の南側には、浄土宗の寺院、良心寺がある。安針塚駅は「田浦谷戸」の文字がある北側にある。この駅の北東には平成4年に横須賀市立長浦小学校が移転してきた。

へみ、しおいり

逸見、汐入

逸見：**開業年**▶昭和5（1930）年4月1日　**所在地**▶横須賀市東逸見町2-18　**ホーム**▶2面4線（高架）　**乗降人数**▶5,186人　**キロ程**▶48.2km（品川起点）
汐入：**開業年**▶昭和5（1930）年4月1日　**所在地**▶横須賀市汐入町2-41　**ホーム**▶2面4線（高架）　**乗降人数**▶22,041人　**キロ程**▶49.2km（品川起点）

逸見駅と汐入駅の間を南下する横須賀線。JR線には横須賀駅が設けられている。汐入駅は「横須賀軍港」として開業。一時は「横須賀汐留」を名乗る。

　安針塚〜逸見間の京急本線は、海側を走るJR横須賀線に対して、山側の丘陵地を走ることになり、トンネル区間も含まれている。逸見駅は昭和5（1930）年4月の開業であり、当初は島式ホーム1面2線の構造であり、昭和33（1958）年9月に通過線のある相対式2面4線ホームの構造に変わっている。

　この駅から北側に500m離れた海側には、JR横須賀線の横須賀駅があり、両駅の間には国道16号が走っている。こうした立地にかかわらず、逸見駅の利用者数は隣りの汐入駅などに比べるとそれほど多くはない。

　汐入駅は、逸見駅と同じく昭和5年4月の開業である。置かれた場所が当時の海軍の横須賀軍港の東側にあたることから、「横須賀軍港」の駅名だったが、昭和15年10月に「横須賀汐留」駅に改称した。昭和36年9月に現駅名の「汐入」に変わっている。両側をトンネルに挟まれた位置にあり、駅の構造は相対式ホーム2面2線を有する高架駅である。

　この汐入駅の北側には、国道16号を挟んで、横須賀の観光名所であるヴェルニー公園、ショッパーズプラザ横須賀、横須賀芸術劇場があり、JR横須賀駅も比較的近い場所にある。また、観光名所として集客力のある「ドブ板通り」に行くにも便利な場所となっている。

昭和41年（1966） 昭和33年に駅の改修工事が行われ、駅舎はそれまでの上り線方の地上から下り線方の高台に移された。地上とは長い階段で結ばれ、駅構内に入る手前に共栄会の売店が置かれていた。

撮影：荻原二郎

本線 ▶ 逸見、汐入

昭和41年(1966)

横須賀中央駅と、JR横須賀駅の中間付近に建つ汐入駅。ホームは築堤上に設置されている。米軍、海上自衛隊施設が近くにあり、写真にも自衛官と思しき人影がある。駅舎背後の丘に見える建物は汐入小学校。

撮影：荻原二郎

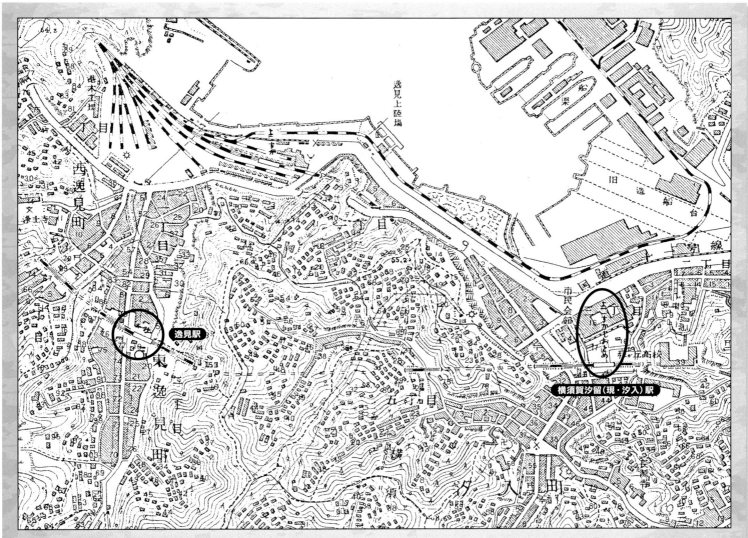

昭和25年 (1950) 逸見、汐入周辺

　地図の大部分を、南に位置する衣笠山に続く、丘陵地帯が占めている中、トンネル部分を挟んで、西に京急本線の逸見駅、東に横須賀汐留（現・汐入）駅が置かれている。北には横須賀港が広がり、国鉄横須賀線の横須賀駅が置かれている。

　この頃の国鉄横須賀駅の西側には貨物駅の施設が存在したが、貨物輸送量の減少により撤去され、現在は「ウェルシティ横須賀」などに変わっている。駅の北東には、昭和21年に開園した「臨海公園」が見えるが、現在は横須賀造幣廠などの建設を指導したフランス人技術者、レオンス・ヴェルニーにちなんだ、「ヴェルニー公園」となっている。

よこすかちゅうおう

横須賀中央

横須賀中央：開業年▶昭和5(1930)年4月1日　所在地▶横須賀市若松町2-25　ホーム▶2面2線(地上)　乗降人数▶66,0632人　キロ程▶49.9km(品川起点)

横須賀市の中心部に位置する横須賀中央駅。北側に市役所、三笠公園。改札口は東口と西口の2か所。東口からは「Yデッキ」で市街地へ。

　横須賀市の玄関口であり、横須賀市役所の最寄り駅となっているのが、京急本線の横須賀中央駅である。一方で、JR横須賀線は横須賀駅からトンネル区間となって南に進むため、市街地の中心部には駅が存在しない。

　横須賀中央駅の開業は、湘南電気鉄道時代の昭和5(1930)年4月である。この駅も市街地と高台(丘陵地)との境目に位置し、トンネルに挟まれた形で駅舎、ホームが置かれている。駅の構造は、築堤上に築かれた地上駅で、相対式ホーム2面2線を有している。改札口は東口、西口の2か所が存在し、東口は市街地に通じるペデストリアン・デッキ(Yデッキ)に続いている。一方、西口は横須賀モアーズシティに隣接している。

　この駅の北側には、ドブ板通りなどが通る横須賀の市街地が広がり、海(横須賀新港)側にはよこすかポートマーケット、三笠公園などの観光スポットがある。また、横須賀市役所、さいか屋横須賀店もこの駅の北側にある。このうち、三笠公園には旧日本海軍の連合艦隊の旗艦で、日露戦争時の日本海海戦などで活躍した戦艦三笠が保存されており、横須賀市民の憩いの場となっている。また、この付近には神奈川歯科大学のキャンパス、病院もある。

昭和54年(1979)
提供：京急電鉄

構内北側に隣接する駅ビルは昭和34年の竣工。駅前と国道16号線を結ぶ大通りは市内随一の繁華街で、駅ビルにも京急百貨店をはじめ、飲食店等が出店していた。現在は駅の南側に大型商業施設横須賀モアーズがある。

昭和45年(1970)
撮影：山田虎雄

太平洋戦争後の運輸省規格型車体で製造されたデハ420形。更新化された晩年の姿は、外板が張り替えられてウインドウシル、ヘッダーが省かれ、全金属性の車体になった。

本線 ▶ 横須賀中央

昭和48年（1973）

港町横須賀の繁華街に建つ横須賀中央駅。山裾に盛られた築堤上に造られた立地から地域の拠点駅でありながら現在まで構内は、対向式ホーム2面2線のシンプルな構造である。
撮影：山田虎雄

昭和32年（1957）

提供：京急電鉄
昭和30年代初頭のホームは、現在の賑わいが想像もできないほど静かだった。ホームに隣接するビルもまだ見られない。

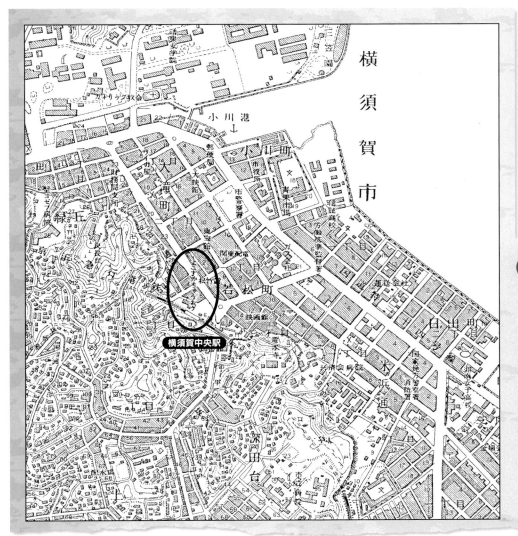

昭和25年（1950）
横須賀中央周辺

　地図の北側には小川港が見え、南側に横須賀の市街地、住宅地が広がる。この小川港からは戦後、千葉・富津への航路が開かれるなどしたが、昭和44年に埋め立てられ、現在は国道16号、よこすか海岸通りが通る市街地に変わっている。

　この南西側はさいか屋、横須賀郵便局などがある横須賀の繁華街、大瀧町で、横須賀中央駅のある若松町までは当時、多数の映画館が存在していた。現在は、小川港のあった場所の海側に、横須賀新港が誕生している。駅の東側には横須賀共済病院があり、南東の深田台にあった横須賀市立市民病院は、その後に移転している。

けんりつだいがく、ほりのうち
県立大学、堀ノ内

県立大学：開業年▶昭和5（1930）年4月1日　所在地▶横須賀市安浦町2-28　ホーム▶1面2線（高架）　乗降人数▶12,335人　キロ程▶51.1km（品川起点）
堀ノ内：開業年▶昭和6（1931）年4月1日　所在地▶横須賀市三春町3-45　ホーム▶2面4線（地上）　乗降人数▶12,422人　キロ程▶52.3km（品川起点）

「横須賀公郷」として開業。現在は神奈川県立保健福祉大学の最寄り駅。「横須賀堀内仮駅」からスタートした堀ノ内駅。昭和11年に駅昇格。

　東京湾の海側を進む京急本線には、神奈川県立保健福祉大学の最寄り駅となっている、県立大学駅が置かれている。この駅は昭和5（1930）年4月に横須賀公郷駅として開業している。その後、昭和38（1963）年11月に京急安浦駅と駅名を改称、さらに昭和62年6月、京急安浦駅に駅名が変わった。現在の駅名である「県立大学」駅になったのは平成16（2004）年2月である。現在の駅の構造は島式1面2線のホームを有する高架駅である。平成17年4月に現在の駅舎に変わっている。

　次の堀ノ内駅は、京急本線と久里浜線との分岐点となっている。この駅は昭和5年4月に横須賀堀内仮駅として誕生し、昭和11年6月に駅に昇格した。そのときは現在地より180m、県立大学駅側に置かれていた。昭和17年12月に久里浜線が開通し、現在地に移転した。現在の駅名である「堀ノ内」に改称したのは、昭和36年9月である。駅の構造は、島式ホーム2面4線の地上駅となっている。

　この県立大学、堀ノ内駅付近の京急線は、南側を走るJR横須賀線とはかなり離れているため、連絡駅は存在しない。京急線とJR横須賀線の連絡駅となるのは、久里浜線の京急久里浜駅とJRの久里浜駅である。

昭和59年（1984）

京浜安浦駅時代の駅舎は、港町の駅らしい洋館風の建物だった。平成17年に現駅舎へ建て替えられた。現在の駅名となっている神奈川県立保健福祉大学は、国道16号線を隔てて500メートルほど離れている。

本線▶県立大学、堀ノ内

昭和59年当時の堀ノ内駅舎正面。現在まで改修工事が繰り返されているが、縦板が貼られた大振りな出入り口付近の上屋をはじめ、基本的な構造は開業時から変わっていない。駅舎の前には、バス停とベンチがある。

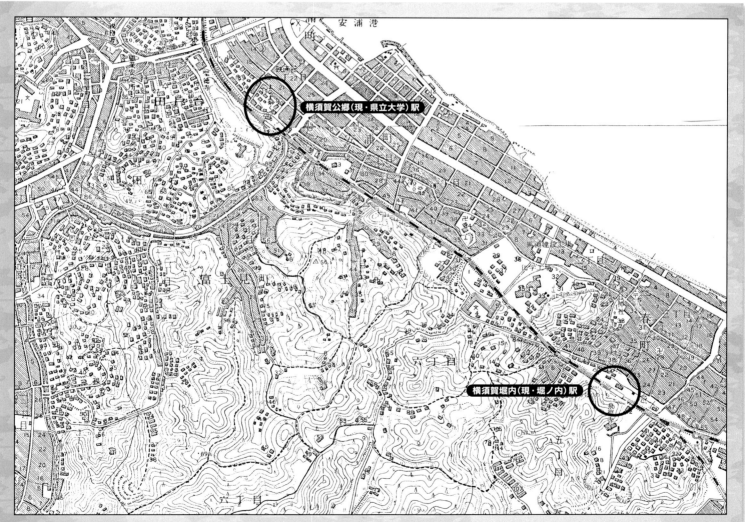

昭和25年(1950) 県立大学、堀ノ内周辺

　山沿いを走る京急本線には、横須賀公郷(現・県立大学前)、堀ノ内の2駅が置かれている。京浜公郷駅は、横須賀市安浦町にあり、その後は京急(京浜)安浦駅を名乗っていた。地図の北側には安浦港が見えるが、この付近は現在、埋立地になっており、駅名の由来となった神奈川県立保健福祉大学が誕生している。
　駅の西側には、海上自衛隊の駐屯地になっている。堀ノ内駅の南側には、日蓮宗の寺院、泉福寺がある。また、駅の北側には、春日神社が鎮座している。この付近の海岸は、埋め立てにより北側に移って、海辺つり公園が誕生し、よこすか海岸通りが通っている。

けいきゅうおおつ、まぼりかいがん

京急大津、馬堀海岸

| 京急大津： | 開業年 ▶ 昭和5(1930)年4月1日 | 所在地 ▶ 横須賀市大津町1-11-9 | ホーム ▶ 2面2線（地上） | 乗降人数 ▶ 5,193人 | キロ程 ▶ 53.1km（品川起点） |
| 馬堀海岸： | 開業年 ▶ 昭和5(1930)年4月1日 | 所在地 ▶ 横須賀市馬堀町3-20-1 | ホーム ▶ 2面2線（地上） | 乗降人数 ▶ 9,791人 | キロ程 ▶ 54.2km（品川起点） |

**京急大津駅は、坂本龍馬の妻、おりょうの墓がある信楽寺の最寄り駅。
馬堀海岸駅の北側は、かつての海水浴場。現在は住宅地に変わっている。**

　堀ノ内駅で久里浜線と分かれた京急本線には、終着駅の浦賀駅との間に京急大津、馬堀海岸の2駅が置かれている。

　京急大津駅は、横須賀市大津町1丁目にあり、大津町4丁目にある久里浜線の新大津駅とは兄弟駅ともいえる。この京急大津駅の開業は、昭和5(1930)年4月で、当初の駅名は「湘南大津」で昭和38(1963)年11月に「京浜大津」駅となり、昭和62年6月に現在の駅名である「京急大津」駅に変わっている。駅の構造は、相対式ホーム2面2線の地上駅で、以前は構内踏切、現在は跨線橋がホーム間を結んでいる。

　この駅の南側にある浄土宗の寺院、信楽寺（しんぎょうじ）は坂本龍馬の妻、おりょうの墓があることで知られている。龍馬没後のおりょうは横須賀で暮らし、明治39(1906)年に64歳で没している。

　馬堀海岸駅は、京急大津駅と同じ昭和5年4月の開業で、当時は駅のすぐ北側が海であり、夏季には海水浴客で賑った。現在は埋め立てにより、海岸線は北側に移り、住宅地が誕生している。駅の構造は、相対式ホーム2面2線を有する地上駅で、改札口はホーム下に設けられている。

　この駅の北側を走る国道16号（よこすか海岸通り）の東側には観音崎燈台、観音崎海水浴場、横須賀美術館などの観光スポットがある。また、神話のヒーローである、日本武尊ゆかりの走水神社と走水港も存在する。

昭和55年(1980)

提供：京急電鉄

改札口がホーム下に移される以前、馬堀海岸駅舎は、下りホームと接して建設された床スラブ上にあった。地上からは階段、上りホームとは構内踏切で連絡していた。駅舎跡の床部分と階段は、現在も残されている。

昭和55年(1980)

改札口付近に寄棟の屋根が被さる木造の建物が、今日まで現役施設として使われてきた京急大津駅の京浜大津時代。しかし、駅前に設置された自動車の乗り入れ防止柵は、自動車全盛の世相を窺わせる。

提供：京急電鉄

COLUMN

市区町史に登場する京急電鉄② 横須賀市史より

湘南電鉄の開通

　大正14年（1925）12月、湘南電気鉄道株式会社が資本金1200万円をもって創立され、昭和2年6月、横浜市・逗子町間と、六浦荘村（現・横浜市金沢区の一部）・浦賀町間の2線の建設に着工した。当時、第31号国道は工事中で、本市では横須賀線が唯一の陸上交通機関であったので、湘南電鉄は本市交通の発展をもたらすものとして歓迎された。しかし三浦半島は地形上難工事箇所が多く、それに要塞地帯のため種々の制約を受けなければならなかった。大正15年、横浜市－六浦荘村－横須賀市－浦賀町に至る線、及び六浦荘村－逗子町－鎌倉町に至る線の実測を完了した。前者を三崎本線、後者を鎌倉支線と称した。
　昭和2年6月から、三崎本線を12工区、鎌倉支線のうち六浦荘（現・金沢八景）・逗子間を2工区に分けて着工した。沿線は丘陵地が続いてトンネルなど難工事が多かったが、5年3月には黄金町・浦賀間と六浦荘・逗子間の全部の鉄道施設と電気工事を完了した。同年4月1日から、黄金町・浦賀間29.9km、金沢八景・湘南逗子間5.7km、計35.6kmの運輸営業を開始した。
　一方、横須賀線の電車化が既に3月に完成しており、輸送能力は増大したが、おりから経済界は不況となり、湘南電鉄の東京方面への連絡も不備であったので、経営は開業早々極度に不振であった。
　この打開策として、京浜電鉄との連絡を計画して、6年12月に、黄金町から軌道を延長して横浜駅で京浜電鉄に連絡し、電車の増発、運転時間の短縮、運賃の引下げなどの対策を講じたが効果は上がらなかった。
　さらに8年4月、品川駅乗入れと同時に、品川・浦賀間に相互直通運転を開始したが、不況と乗合自動車進出が絡んで業績の向上はみられなかった。

湘南電鉄の開通

　久里浜村は昭和12年に本市に合併されたが、この地区に軍施設が設けられ、住宅地化する傾向が増してきた。市の都市計画、開発計画からも、海軍の旧横須賀・久里浜間の連絡上からも久里浜線の建設が要請された。そこで戦時体制の強化・戦時輸送力確立のため、延長線の建設に踏み切った。

　大正12年8月の久里浜線敷設の免許では、浦賀・久里浜間は、浦賀終点から芝生－荒巻－洞井戸－高坂を経て内川新田に至る3.3kmであった。この経路は約3分の1がトンネルで、工事の完成には2年以上を要し、また丘陵地のため住宅地開発が不可能であった。このため、横須賀堀内から分岐し、右折して海軍射的場を横断し、井田から平作川左岸の池田を経て内川新田に入り、平作川を渡って八幡地内に至る4.8kmの路線が選定された。これは距離が長く経費も多くなるが工期は短縮され、また平地を通過するため沿線に住宅を造ることが容易であった。また、付帯事業として住宅地の経営が取り上げられたが、これは久里浜線開設の重要な目的で、海軍と本市の要望によるものであった。堀内起点1.8kmを中心として井田に25万坪、同じく3.4kmを中心として池田付近に25万坪、合計50万坪を買収し、住宅地を造成し分譲を計画した。
　昭和14年10月、久里浜線建設事務所を設置して実測に着手し、16年6月3日に大津の海軍射的場において起工式を挙げ、17年12月1日に久里浜（仮）駅まで4kmが開通した。

幻の京浜急行・武山線

　大正14年12月に創業した湘南電気鉄道株式会社の目的は、三浦半島を一周する鉄道網の建設であった。路線計画は、本線（西回り線）が横浜－屏風ヶ浦村－金沢村－六浦村－逗子町－葉山町－武山村－長井村－三崎町間で、第一支線（東回り線）と第二支線（逗子－鎌倉線）があった。その一部として横須賀公郷－衣笠－長井を経て湘南逗子に連絡する路線計画をもっていた。昭和16年には横須賀第二海兵団が武山に設置され、連絡輸送路の開設を海軍から要望されていた。採算からみると工事は困難であったが、戦局が厳しくなり、軍からの要請が強く、横須賀公郷・逗子間の連絡線の計画を変更して、国鉄衣笠駅・林間の独立線敷設の免許を得て、18年6月に着工した。
　物資統制下で資材の調達は困難であったが、軍の戦時計画なので資材の優先配給を受けて進行した。20年までに380万円を投資して、3分の1まで進んだが、終戦により中止され、この敷設計画もここで断念された。21年に至り、買収した用地はすべて元地主に返還された。

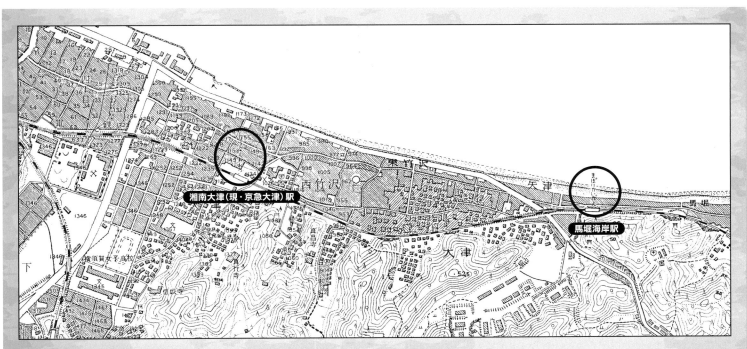

昭和25年（1950） 京急大津、馬堀海岸周辺

　現在に比べて海岸線が南側にある、昭和25年の湘南大津（現・京急大津）、馬堀海岸駅付近の地図である。海岸線を走る道路は神奈川県道208号であり、現在はその北側に国道16号（よこすか海岸通り）ができている。この当時、馬堀海岸駅は渚の音が聞こえる、海岸沿いの駅であった。
　湘南大津駅の南西には、2つの「文」の地図記号が見える。手前の学校は横須賀市立大津小学校であり、その先の学校は神奈川県立横須賀女子高校で、昭和25年4月に横須賀大津高校と改称し、現在は男女共学制になっている。国道134号の西側には現在、大津公園、横須賀市立大津中学校が生まれている。

うらが
浦賀

浦賀：開業年▶昭和5（1930）年4月1日　所在地▶横須賀市浦賀町1-86　ホーム▶1面2線（地上）　乗降人数▶21,753人　キロ程▶55.5km（品川起点）

幕末には浦賀奉行、浦賀造船所が誕生。ペリーの黒船来航で有名に。昭和5年4月に湘南電気鉄道の浦賀駅。現在は京急本線の終着駅に。

　京急本線の終着駅、浦賀駅は昭和5（1930）年4月、当時の湘南電気鉄道の駅として開業している。現在は横須賀市浦賀1丁目にあるが、開業当時は三浦郡の浦賀町にあった。

　この浦賀は東京湾の入口にあたる場所にある港町で、江戸時代には浦賀奉行が置かれた地。明治3（1870）年に東浦賀村、西浦賀村が合併して浦賀村となった。明治9年に浦賀町となり、昭和18年4月に横須賀市に編入されるまで、この浦賀町が存在した。

　歴史的に浦賀を有名にしたのは、幕末にアメリカのペリー提督に代表される外国船（黒船）が来航し、浦賀奉行がその対応に当たったことである。また、万延元（1860）年、咸臨丸がアメリカに向けて出港したのは、この浦賀港からである。幕末に徳川幕府が置いた浦賀造船所は明治維新後は、浦賀船渠となり、多くの軍艦や客船を世に送り出した。この船渠は平成15（2003）年に閉鎖された。

　浦賀港の北に位置している浦賀駅の構造は、島式ホーム1面2線を有する地上駅である。駅舎は当初、現在のバスターミナルがある地上部分に置かれていたが、昭和32（1957）年に現在地の築堤上に移転した。ホームが頭端式ではなく、線路が構内の途中で切れているのは、戦前にはこの浦賀駅から久里浜、三崎方面への延伸計画があったからである。

昭和38年（1963）

駅の周辺には路線バスの乗り場が3か所ある。駅の階段を下りて、すぐ右手にあるバス停には、観音崎方面へ向かう便が発着する。車種は違えども、半世紀以上も変わらない光景だ。

撮影：荻原二郎

京急本線の終点、浦賀駅。ホーム裏手に木々の茂る森があるのは現在も変わらない。2面2線のホームは構内踏切で結ばれていた。

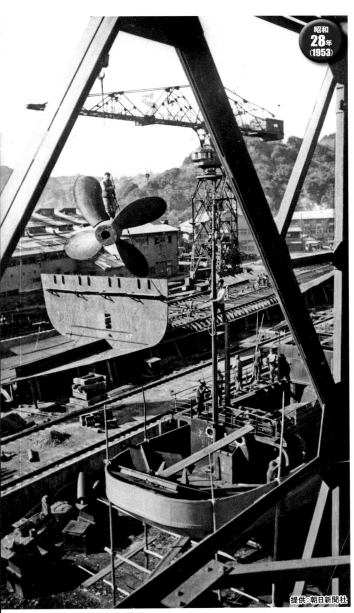

戦前は日本海軍の駆逐艦や青函連絡船の「祥鳳丸」などを建造してきた浦賀船渠（ドック）。戦後復興の中でも活躍し、日本丸の建造などを行った。大きなスクリューを吊り上げるクレーンのある造船風景の一コマである。

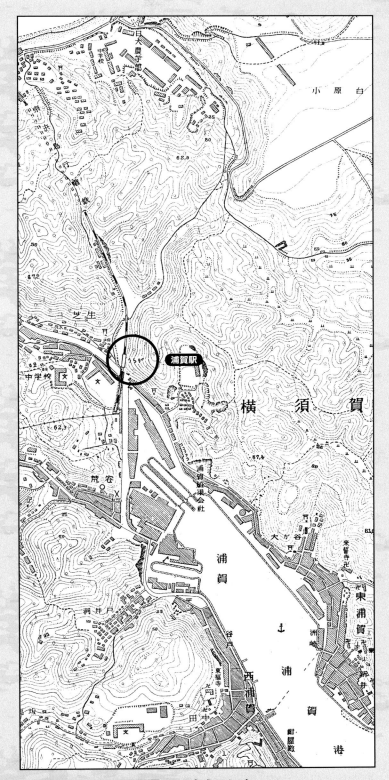

昭和25年（1950） 浦賀周辺

　深く入り込んだ浦賀港の奥に、浦賀船渠会社が存在し、その北側に京急本線の終着駅である浦賀駅が置かれている。この当時は、現在地へ移転する前の駅舎であり、線路が横須賀市立浦賀小学校、浦賀中学校の東側まで延びていた。
　現在は、2つの学校の中間に芝守稲荷神社が鎮座しているが、東浦賀1丁目には船守稲荷神社、津守稲荷神社が鎮座している。浦賀港の南西、西浦賀1丁目には江戸時代に再興されて改宗した、曹洞宗太玄派の東福寺がある。その西側にある「文」の地図記号は、横須賀市立高坂小学校である。

<small>しんおおつ、きたくりはま</small>

新大津、北久里浜

新大津：**開業年**▶昭和17（1942）年12月1日　**所在地**▶横須賀市大津町4-7-1　**ホーム**▶2面2線（地上）　**乗降人数**▶6,587人　**キロ程**▶0.8km（堀ノ内起点）
北久里浜：**開業年**▶昭和17（1942）年12月1日　**所在地**▶横須賀市根岸町2-206　**ホーム**▶2面2線（地上）　**乗降人数**▶27,085人　**キロ程**▶1.7km（堀ノ内起点）

新大津・北久里浜駅は、昭和17年12月の大東急時代に開業した。新大津は「鳴神」、北久里浜は「昭南」。戦時下の占領地の名前だった。

　合併で誕生した東京急行電鉄（大東急）の時代、昭和17（1942）年12月に鳴神駅として開業したのが、現在の新大津駅である。この「鳴神」は当時、日本軍が占領していた、アリューシャン列島のキスカ島の日本名である。

　昭和23（1948）年2月、新大津駅に駅名が変わり、6月に京浜急行電鉄が発足し、京急の駅となった。駅の構造は相対式ホーム2面2線の地上駅で、現在の駅舎は平成19（2007）年4月に建て替えられた。

　北久里浜駅も新大津駅と同じ、昭和17年12月に開業している。このときに付けられた駅名は「昭南」であり、これは「鳴神」と同様に当時、日本軍が占領していたシンガポールの日本名だった。そのため、昭和23年2月、湘南井田駅と駅名は改称され、昭和38年11月に現在の駅名である「北久里浜」に変わっている。

　北久里浜駅の構造は、相対式ホーム2面2線を有する地上駅で、ホーム間は跨線橋で連絡している。現在の駅舎は昭和60年12月から使用されている。この北久里浜駅付近では、JR横須賀線と接近することになるが、衣笠～久里浜間は4.6キロと離れており、連絡可能な駅は存在しない。この先、京急久里浜駅にかけては、横須賀線、国道134号と並行して走ることとなる。

開業時の木造駅舎が健在だった、昭和40年の新大津駅。瓦葺の屋根と縦板で囲った壁面は、同時期に建てられた民家と共通する設えになっている。窓枠も金属サッシ化されずに木が用いられている。

開業時の駅舎が昭和46年に構内が全面改装されるまで使われていた北久里浜駅。有人駅としては必要最低限の設備を備えた造りだった。国道134号へ続く駅前も横断歩道等がなく、整備途上の様子だ。

COLUMN

湘南電鉄にトンネルが多いのは要塞地帯だったから？

　湘南電気鉄道は横浜～逗子間、六浦荘～浦賀間を第1期建設線として、大正15(1926)年2月から実測に着手した。そこに立ちふさがったのが、明治32(1899)年7月に公布された要塞地帯法だった。この法律は、国が指定した要塞地帯への立ち入り、撮影、測量などを制限するものであった。

　明治17(1884)年に横須賀鎮守府が設置されたのを皮切りに、明治36(1903)年に横須賀海軍工廠が設置され、さらには大正5(1916)年に追浜に横須賀海軍航空隊が設置されるなど、横須賀を中心とする三浦半島全域は、要塞地帯に指定されていたのだった。

　また、要塞地帯法とともに公布された軍機保護法も測量、建設工事の妨げになった。この法律は軍施設の写生や写真撮影、軍施設への立ち入りは許可が必要としていた。

　すでに観光地化していた三浦半島では、この法律を知らない観光客が咎められる様子が見かけられたという。また、街のいたるところに軍機保護法の存在を知らしめる赤いポスターが貼られていた。したがって、測量段階から陸海軍両大臣、東京湾要塞司令官、横須賀鎮守府司令長官などによる多くの許可、あるいは制約がつきまとっていた。

　建設工事は昭和2(1927)年6月から始まったが、トンネルが多い難工事となった。トンネルが多くなったのは、丘陵地帯であったこともさることながら、先の要塞地帯法の制約によるものといわれている。

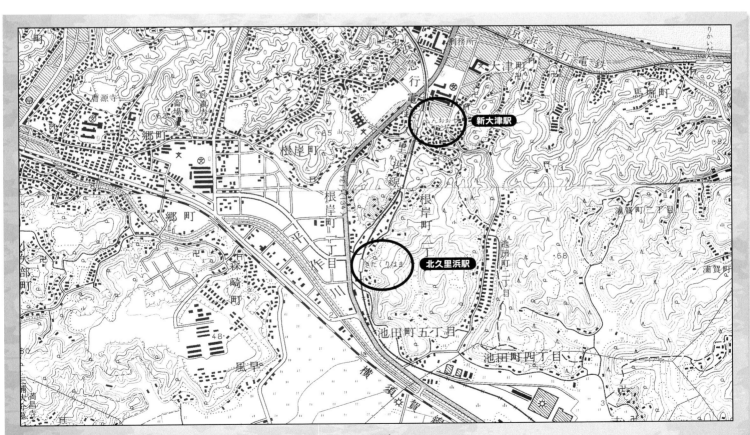

昭和41年(1966) 新大津・北久里浜周辺

　昭和41年の京急久里浜線の新大津、北久里浜駅周辺の地図である。南西側を走る国鉄線には駅が存在しないのに対して、京急線には比較的短い区間に2駅が存在している。新大津駅の周辺には、神奈川県立横須賀大津高校、横須賀市立大津小学校、根岸小学校といった学校が目立つ。また、現在は大津公園も誕生している。一方、北久里浜駅の西側には平作川が流れ、この当時は田畑も多く残っていた。現在はマンションなどが建ち並ぶ街に変わっている。横須賀線の南側には平成25年に、湘南学院高校が移転してきた。

けりきゅうくりはま
京急久里浜

京急久里浜：**開業年**▶昭和18（1943）年9月21日　**所在地**▶横須賀市久里浜4-4-10　**ホーム**▶2面3線（高架）　**乗降人数**▶43,004人　**キロ程**▶4.5km（堀ノ内起点）

昭和17年12月、仮駅が開業。昭和18年9月の延伸で本駅が開業。
JR横須賀線の終着駅、久里浜駅と連絡。駅ビルの「ウィング久里浜」も。

　久里浜線の主要駅であり、JR久里浜駅との接続駅となっているのが、この京急久里浜駅である。ここから先、三浦半島を進むJRの路線は存在せず、京急線だけが南進することになる。

　この京急久里浜駅の歴史は複雑で、駅名も何度も変わっている。開業したのは、太平洋戦争中の昭和17（1942）年12月。当時の駅は500m北側にある終着駅・久里浜（仮）駅であった。昭和18年9月、久里浜（仮）駅〜久里浜間が開業し、現在地に久里浜駅が開業。昭和19年4月、国鉄の久里浜駅が誕生したため、湘南久里浜駅と改称した。昭和38（1963）年11月、野比（現・YRP野比）駅へ延伸し、駅名を「京浜久里浜」に改称。昭和62年6月、現在の駅名である「京急久里浜」となった。

　京急久里浜駅の構造は、島式ホーム2面3線の構造で、北久里浜方面は複線、YRP野比方面は単線となっている。昭和62年4月に駅ビル「ウィング久里浜」がオープンした。この駅と北久里浜駅との間には、京急の車両基地（車両管理区）が置かれている。

　一方、京急駅の北西に位置するJRの久里浜駅は、島式ホーム1面2線を有する地上駅。終着駅のため、駅の西側には電留線が広がり、京急駅の横まで延びている。

昭和36年（1961）　開業以来、長らく久里浜線の終点だった京浜急行の久里浜駅は、昭和38年の野比（現・YRP野比）駅延伸と同時に湘南久里浜駅から京浜久里浜駅と改称した。駅舎に隣接して大きなバスの待合所がある。

提供：京急電鉄

久里浜線 ▶ 京急久里浜

昭和40年頃

撮影：山田虎雄

久里浜線の湘南久里浜駅から一駅先の野比（現・YRP野比）駅までは昭和38年11月1日の開業。同時に湘南久里浜駅は京浜久里浜駅に改称された。

昭和46年(1971)

撮影：山田虎雄

海水浴客を降ろし、久里浜の街並みを一望するホームで回送待ちの1000形。京浜久里浜（現・京急久里浜）駅発着の「海水浴特急」は昭和37年に運転を開始。列車名は昭和48年まで継続され、以降は不定期運転の「快速特急」となった。

昭和56年(1981)

撮影：山田虎雄

工事用フェンスが建てられたホームを、押上行きの1000形が離れて行く。京浜久里浜（現・京急久里浜）駅の改良工事は、昭和57年6月11日に竣工した。眼下の国鉄駅方には、現在も広々とした駐車場がある。

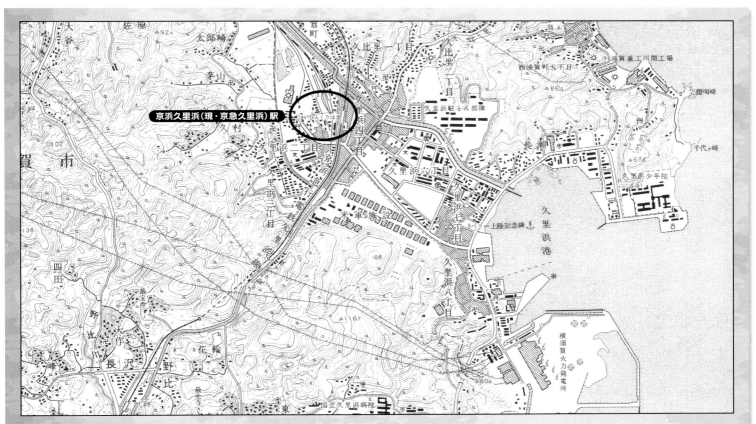

昭和41年(1966) 京急久里浜周辺

　地図上には、さらに南に延びる京急久里浜線の京浜久里浜（現・京急久里浜）駅と、横須賀線の終点となる国鉄の久里浜駅が並んで存在する。京急の久里浜線は昭和38年まで、この京浜久里浜駅が終点だった。京浜久里浜駅の南東には米軍施設があったが、現在は返還されて、神明公園、くりはま花の国などに変わっている。東側には現在も陸上自衛隊久里浜駐屯地がある。久里浜港にはペリー上陸記念碑があり、現在はペリー公園が整備されている。地図の南側には、東京電力横須賀火力発電所、国立久里浜病院（現・国立病院機構久里浜医療センター）といった大きな施設が存在している。

わいあーるぴーのび、けいきゅうながさわ、つくいはま

YRP野比、京急長沢、津久井浜

YRP野比：開業年▶昭和38(1963)年11月1日	所在地▶横須賀市野比1-9-1	ホーム▶2面2線(高架)	乗降人数▶18,718人	キロ程▶7.2km(堀ノ内起点)
京急長沢：開業年▶昭和41(1966)年3月27日	所在地▶横須賀市長沢1-35-1	ホーム▶1面2線(高架)	乗降人数▶7,260人	キロ程▶8.5km(堀ノ内起点)
津久井浜：開業年▶昭和41(1966)年3月27日	所在地▶横須賀市津久井浜4-2-1	ホーム▶2面2線(地上)	乗降人数▶6,321人	キロ程▶9.7km(堀ノ内起点)

昭和38年11月開業時は野比駅。横須賀リサーチパークの最寄り駅。
昭和41年3月の延伸で、京急長沢と津久井浜の2駅が誕生した。

　昭和38(1963)年11月、京急久里浜線の延伸で誕生したのが、現在のYRP野比駅である。この当時は野比駅であり、昭和41年3月に津久井浜駅まで延伸した。平成10(1998)年4月、横須賀リサーチパークが開園し、現在の「YRP野比」に駅名を改称した。この「YRP」とはICTの研究開発拠点「横須賀リサーチパーク」の略称である。

　YRP野比駅の構造は、相対式ホーム2面2線の地上駅で、改札口付近は高架構造となっている。このYRP野比駅、次の京急長沢駅、津久井浜駅までは横須賀市内に置かれている。

　京急長沢駅は昭和41年3月に中間駅の京浜長沢駅として開業し、昭和62年6月に京急長沢駅に駅名を改称した。駅の構造は、有する高架駅である。

　津久井浜駅は、昭和41年3月の延伸時には一時、京急久里浜線の終着駅であった。同年7月には、隣りの三浦海岸駅まで延伸し、中間駅となっている。

　津久井浜駅の構造は相対式2面2線のホームを有する地上駅である。浦賀水道、金田湾に面した津久井浜は、三浦海岸とともに良質の海水浴場として知られている。この付近の海岸は、国道134号が走っている。一方、西側にはツツジの名所として有名な武山、富士山(三浦富士)がそびえ、周辺にはハイキングコースが存在する。

昭和45年(1970)
昭和38年に延伸された久里浜線の終点として開業した野比(現・YRP野比)駅。ホームは築堤上に建設され、構内南側の地上に駅舎が建てられた。駅舎とホームを結ぶ長い階段には、上屋等の雨風を防ぐ施設はなかった。

昭和40年(1965)
写真が撮影された当時は久里浜線の終点だった野比(現・YRP野比)駅に停車する旧1000形の特急。1137号車を含む編成は昭和39年から41年にかけて製造されたグループで、新製直後から特急に投入された。
撮影：荻原二郎

昭和41年(1966)
昭和41年開業の津久井浜駅。駅正面には切符扱いと荷物扱いの窓口が並び、昭和初期の駅設備を踏襲していた。海水浴シーズンの利用客増を見込んで、複数のラッチが設置されている。
撮影：荻原二郎

昭和41年(1966)
野比(現・YRP野比)駅以西の区間が開業した直後の京浜長沢駅。構内の北側は土肌が露出して造成間もない雰囲気。駅舎とホームは途中に踊り場がある階段で連絡した。

昭和39年(1964)

久里浜線 ▶ YRP野比、京急長沢、津久井浜

野比(現・YRP野比)駅に停車中の列車は、久里浜線の区間運用に就いた旧1000形。20年間に渡って製造された同系車は、特急から支線の普通列車まで幅広い運用に充当され、昭和後期の京急を代表する車両の一つだった。

撮影：荻原二郎

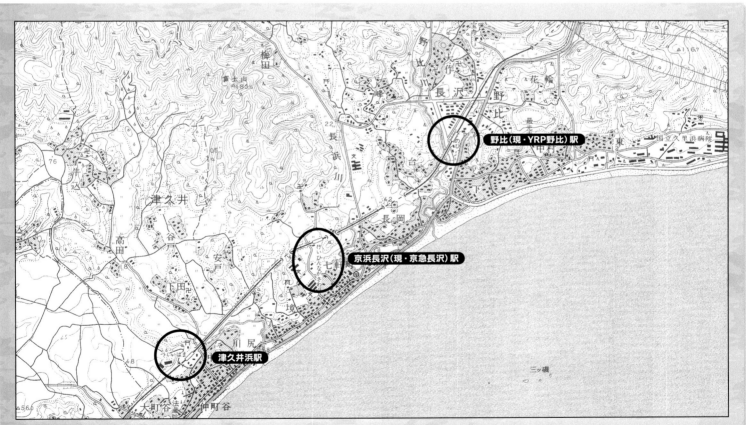

昭和41年(1966) YRP野比・京急長沢・津久井浜周辺

　三浦半島の海岸線を走る京急久里浜線には、野比(現・YRP野比)、京浜長沢(現・京急長沢)、津久井浜の3駅が置かれている。野比駅の付近には野比川、京浜長沢駅の付近には長浜川が流れている。京浜長沢駅の南側には、三浦市立北下浦小学校、北下浦中学校があり、付近に熊野神社が鎮座しており、その位置が地図記号で示されている。
　津久井浜駅の北側には、鳥居の地図記号が見え、浅間神社が鎮座している。また、南側には浄土宗の寺院、五却山法蔵院がある。地図の北側には、「三浦富士」と呼ばれる、標高183メートルの冨士山がある。

みうらかいがん
三浦海岸

三浦海岸：開業年▶昭和41（1966）年7月7日　**所在地**▶三浦市南下浦町上宮田1497　**ホーム**▶2面2線（高架）　**乗降人数**▶11,527人　**キロ程**▶11.2km（堀ノ内起点）

昭和41年7月に三浦海岸駅が開業。昭和50年4月、三崎口駅へ延伸。開業前は「上宮田」の仮称。開業以来、夏季には海水浴客で大いに賑う。

　東京都内から延びてきた京急線は、川崎市、横浜市、横須賀市を走り抜けて三浦市に入る。三浦半島の先端部分に位置する三浦市は、昭和30（1955）年1月に三崎郡の三崎町、南下浦町、初声村が合併し誕生している。その11年後の昭和41年7月、京急久里浜線が三浦海岸駅まで延伸し、市内初の鉄道駅が誕生した。

　この三浦海岸駅は三浦半島の東側、金田湾に面した海岸付近に置かれている。三浦市の誕生以前は、南下浦町だった場所であり、現在は三浦市南下浦町上宮田となっている。開業前は「上宮田」という仮駅名も検討されていたが、延長区間を「三浦海岸線」として、路線と駅のPRを行った。三浦海岸海水浴場の最寄り駅であり、この駅の開設により、夏の海水浴シーズンには、三浦海岸も大いに賑いを見せるようになった。毎年春には「三浦海岸桜まつり」が開催されている。

　三浦海岸駅の構造は、相対式ホーム2面2線を有する高架駅である。昭和50年4月、三崎口駅までの延伸が実現し、中間駅となった。駅の北東側にはバスターミナルがあり、南側には三浦マホロバ温泉（マホロバマインズ三浦）が存在している。また、駅の東西に京急ストアの三浦海岸駅前店、三浦海岸店が存在する。

昭和41年（1966）　久里浜線の終点として開業から3日目の三浦海岸駅。構内の横断幕には「祝三浦海岸駅誕生」の文字が躍る上に、三浦海岸線開通と書かれている。線路の終端部は延長工事を意識したような佇まいだ。

三浦海岸駅開業の広告ポスター。水着の女性を起用した絵柄は今日でも人目を引きそうだ。構図の右手に配された1000形が昔日の作品だと認識させる。

撮影：荻原二郎

撮影：荻原二郎

海の家が建ち並ぶ砂浜を埋め尽くした海水浴客は、波打ち際を越えて「イモ洗い」状態で水泳を楽しんでいる。京急線の延長で驚くほどの海水浴客が押し寄せた、昭和40年代の三浦海岸の夏の様子を写した1枚。

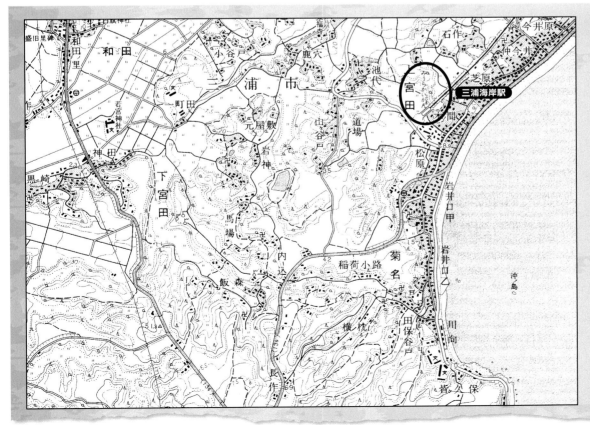

昭和41年（1966） 三浦海岸周辺

　三浦市にある三浦海岸駅付近の地図ではあるが、周辺には「三浦」のついた地名は見ることができない。京急久里浜線の三浦海岸駅までの延伸は昭和41年7月、三崎口駅までの延伸は昭和50年4月である。駅の南東、三浦海岸の交差点では、国道134号と神奈川県道215号が分岐している。この県道215号の走る海岸には、三浦海岸海水浴場が広がっている。

　地図の右下（南東）の南下浦町菊名には、三浦市の前身である南下浦町時代から続く、南下浦小学校、南下浦中学校が存在している。現在、三浦海岸駅の西側に存在する上宮田小学校は、南下浦小学校の分校からスタートし、昭和49年に開校した。

みさきぐち
三崎口

三崎口：開業年▶昭和50（1975）年4月26日　所在地▶三浦市初声町下宮田495　ホーム▶2面2線（地上）　乗降人数▶18,020人　キロ程▶13.4km（堀ノ内起点）

京急久里浜線の終着駅。路線バスで油壺、三崎漁港、城ケ島と連絡。昭和50年4月に三崎口駅が開業。油壺駅への延伸は実現されず。

　京急久里浜線の終着駅であり、その先の観光名所である三崎漁港、油壺マリンパーク（水族館）、城ケ島に至る路線バスの玄関口となっているのが三崎口駅である。三崎口駅の開業は昭和50（1975）年4月の延伸時で、その後に相模湾側の油壺駅まで延伸する計画もあったが、実現には至らなかった。

　この三崎口駅が置かれているのは、三浦市が誕生する前の初声（はっせ）村で、現在は三浦市初声町となっている。三浦半島の南端にある旧三崎町の三崎漁港、三浦市街中心部とは約5km離れており、三崎口駅で下車した観光客などは、路線バスを利用することとなる。三崎口駅の構造は、相対式2面2線のホームを有する地上駅で、三浦海岸（東）側は高架、油壺（西）側は掘割となっている。線路が切れる南西側には、国道134号が通っている。

　三浦市を有名にしているのが、三崎漁港で水揚げされるマグロをはじめとする水産物、三浦ダイコン、スイカなどの農産物である。三浦半島は水田が少なく、野菜作りが中心となっている。

　また、日本有数のマグロ水揚げ港である三崎漁港には、観光名所となっている三崎水産物地方卸売市場（三崎魚市場）が存在する。市内の松輪漁港で水揚げされる「松輪サバ」も高級サバのブランドとして有名である。

昭和50年（1975） 久里浜線は昭和50年4月26日に三崎口駅まで延伸開業した。当日の三崎口駅前には日の丸と社旗が掲げられ、構内は終日賑わった。駅の後ろに揺れるアドバルーンが、祝賀ムードを盛り上げる。

撮影：荻原二郎

久里浜線▼三崎口

昭和44年(1969)

提供：朝日新聞社

流行歌にも歌われた、城ヶ島を控えた入江にある三崎漁港。遠洋漁業のマグロの水揚げで有名だが、近年は三崎フィッシャリーナ・ウォーフ「うらり」の誕生などで、京急の「みさきまぐろきっぷ」等を利用して多数の観光客が訪れる人気スポットとなっている。

昭和53年(1978)
三崎口周辺

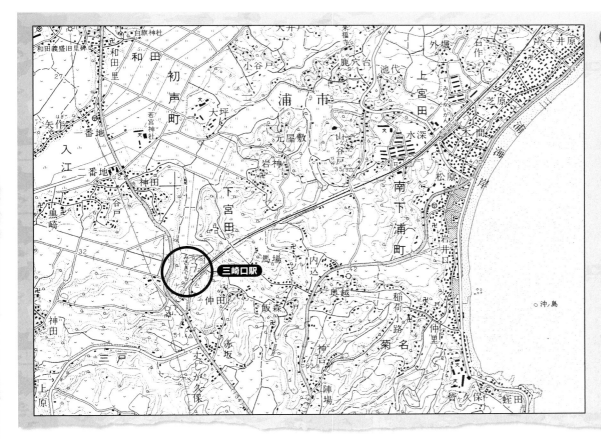

三浦市初声町下宮田に開業した三崎口駅の周辺、昭和53年の地図である。京急久里浜線の終着駅は三浦海岸駅であったが、南西方向に延伸し、昭和50年4月に三崎口駅が開業した。左右から南下する道路は国道134号で、「下宮田」の文字のある南側の国道付近に、現在の駅が置かれている。

この付近には、まだ目立つ建物などはなく、少し離れた北側の「若宮神社」付近に、2つの「文」に地図記号が見える。神社に隣接するのは、明治6年に開校した三浦市立初声小学校、東側に存在するのは昭和22年に開校した初声中学校である。国道の西側には現在、神奈川県立三浦臨海高校が存在している。

生田 誠（いくた まこと） ※本文と地図解説を担当

昭和32年、京都市東山区生まれ。京都市立堀川高等学校卒業。東京大学文学部美術史学専修課程修了。産経新聞大阪本社・東京本社文化部記者などを経て、現在は地域史・絵葉書研究家。絵葉書を中心とした収集・研究を行い、集英社、学研パブリッシング、河出書房新社、彩流社、アルファベータブックス等から著書多数。

牧野 和人（まきの かずと） ※鉄道写真の解説を担当

昭和37年、三重県生まれ。写真家。京都工芸繊維大学卒。幼少期より鉄道の撮影に親しむ。平成13年より生業として写真撮影、執筆業に取り組み、撮影会講師等を務める。企業広告、カレンダー、時刻表、旅行誌、趣味誌等に作品を多数発表。月刊「鉄道ファン」誌では、鉄道写真の可能性を追求した「鉄道美」を連載する。臨場感溢れる絵づくりをもっとうに四季の移ろいを求めて全国各地へ出向いている。

【執筆協力（東京都内区間の地図解説）】
常田公和

【写真提供】
京浜急行電鉄株式会社
J.WALLY HIGGINS、小川峯生、荻原二郎、園田正雄、高橋義男、竹中泰男、村田 正、
矢崎康雄、柳川知章、山田虎雄、
朝日新聞社

京浜急行電鉄
本線、空港線、大師線、逗子線、久里浜線
1950～1990年代の記録

発行日 ……………… 2016年11月5日　第1刷　※定価はカバーに表示してあります。

著者 ……………… 生田 誠・牧野和人
発行者 …………… 茂山和也
発行所 …………… 株式会社アルファベータブックス
　　　　　　　　　〒102-0072　東京都千代田区飯田橋2-14-5　定谷ビル
　　　　　　　　　TEL. 03-3239-1850　FAX.03-3239-1851
　　　　　　　　　http://ab-books.hondana.jp/

編集協力 ………… 株式会社フォト・パブリッシング
デザイン・DTP … 柏倉栄治
印刷・製本 ……… モリモト印刷株式会社

ISBN 978-4-86598-818-5 C0026
なお、無断でのコピー・スキャン・デジタル化等の複製は著作権法上での例外を除き、著作権法違反となります。